L'ÉDUCATION RATIONNELLE

DE LA VOLONTÉ

SON EMPLOI THÉRAPEUTIQUE

Cet ouvrage a été traduit

en langues **allemande** *et* **hollandaise.**

Dr Paul-Émile LÉVY

Ancien Interne des Hôpitaux de Paris.

L'ÉDUCATION RATIONNELLE DE LA VOLONTÉ

SON EMPLOI THÉRAPEUTIQUE

Cinquième édition

Préface de M. le Dr BERNHEIM

PROFESSEUR A LA FACULTÉ DE NANCY

Paris, FÉLIX ALCAN, éditeur, 1905

AVANT-PROPOS

DE LA DEUXIÈME ÉDITION

La première édition de cet ouvrage a reçu un accueil dont nous ne pouvons qu'exprimer toute notre satisfaction. Sans vouloir aucunement discuter ici la conception que nous en avons donnée, il est certain que la question de l'Éducation de la Volonté se place au premier rang parmi celles qui sont dignes de notre attention. La plus instante préoccupation de chacun de nous devrait être d'apprendre à vouloir. Et ceci est vrai surtout de nous, médecins, qui avons doublement besoin de savoir vouloir, et pour nous-mêmes, et pour nos malades, la volonté bien maniée mettant entre nos mains une arme thérapeutique de première valeur. Or, il est non moins certain que les données complexes de ce délicat problème n'ont pas été suffisamment approfondies encore, que l'on ne se forme le plus habituellement qu'une idée bien vague des conditions d'existence, des moyens de renforcement, des limites d'action de la volonté. Peut-être avons-nous réussi à introduire, sur quelques points au moins, un peu plus de précision.

Nous souhaitons à cette édition nouvelle de rencontrer le même heureux succès que sa devancière.

Paris, Septembre 1899.

PRÉFACE

Vouloir, dit-on, c'est pouvoir. Cela n'est exact qu'à deux conditions : la première, c'est de ne vouloir que ce qui est possible ; la seconde, c'est de *savoir vouloir*. Car la volonté, pour être efficace, ne doit pas être un simple effort voulu de l'esprit, une sorte de tension nerveuse spontanée : pareille volonté peut user son énergie et se briser contre le but qu'elle vise.

Pour qu'elle puisse s'accomplir, il faut qu'elle soit déterminée par des idées, qu'elle soit suggérée par des impressions psychiques, qu'elle soit l'effet d'une *suggestion*.

Exemple tiré des choses de la médecine : une personne est tourmentée par une insomnie opiniâtre. En vain elle a la meilleure volonté de dormir ; elle ne pense qu'à cela : elle dit : je veux, je veux absolument dormir. Et plus elle veut, et moins elle peut. Alors je lui dis : « Couchez-vous en toute confiance ; ne vous tourmentez pas l'esprit ; vous sentirez un très grand calme, et le sommeil viendra spontanément ». Il se peut que cette simple idée mise dans son cerveau, cette confiance doucement imposée suffise à réaliser le phénomène sommeil. Qu'ai-je fait ? J'ai remplacé la volonté nerveuse, militante, produisant une réaction en sens inverse, par une foi calme et suggestive, j'ai fait l'éducation rationnelle de la volonté ; j'ai fait une suggestion.

Dans ce cas, c'est le médecin qui a dirigé l'esprit du malade, et lui a insinué l'idée acceptée et réalisée. C'est une suggestion venue du dehors, une *hétéro-suggestion*.

Le docteur Paul-Emile Lévy a montré, et c'est là l'originalité de cette étude, que le sujet peut lui-même diriger sa volonté, l'éduquer, en lui associant des idées suggestives qui mettent en activité la cellule psychique au service de l'acte désiré : l'idée vient du sujet : c'est de l'*auto-suggestion*.

Ce mot auto-suggestion ne doit pas être défini cependant une idée qu'on se donne à soi-même. On n'a pas les idées qu'on veut. On a beau se suggérer des battements de cœur, des douleurs, de la paralysie; l'idée de ces symptômes ne s'impose pas au cerveau et ne se traduit pas en acte. Mais qu'une impression surgisse dans l'organisme et donne au sensorium une idée morbide, qu'un jeune élève en médecine, et quelquefois un clinicien mûr, impressionnable, ressente un malaise précordial, ou une douleur lancinante dans un membre, l'idée d'une angine de poitrine ou d'un tabes pourra être évoquée dans l'imagination, et cette idée créera chez l'un une pseudo-angine de poitrine avec malaise précordial et irradiations douloureuses dans le bras gauche, chez l'autre un pseudo-tabes avec douleurs fulgurantes et sensation d'incoordination. Dans ce cas, c'est une impression née dans l'organisme lui-même, dans le monde intérieur, qui est venue spontanément réveiller dans le centre psychique l'idée du syndrome fonctionnel; il y a auto-suggestion.

En réalité cependant, entre hétéro-suggestion

et auto-suggestion, il n'y a guère de différence ; l'une se combine forcément à l'autre.

La même idée suggérée à diverses personnes se traduira par des actes divers ; car chaque cerveau conçoit l'idée à sa façon et réagit à sa façon, l'élabore suivant son individualité psychique, y associe d'autres idées qui se transforment elles-mêmes en sensations, émotions, actes organiques, dont la résultante aboutit à un dynamisme complexe, variable, sur chaque terrain psychique qui individualise l'impression reçue. On peut dire : *l'hétéro-suggestion apporte le germe, l'auto-suggestion le féconde.*

D'autre part celle-ci n'existe pas sans l'autre ; car aucune idée ne naît spontanément dans le cerveau. *Nihil est in intellectu quod non prius fuerit in sensu.* Toute idée vient du monde extérieur par les sens ; elle peut être revivifiée par une impression interne. Le médecin qui, par auto-suggestion, transformait un malaise précordial en angine de poitrine, une douleur lancinante en ataxie locomotrice, savait, pour l'avoir appris ou observé dans le monde extérieur, que le symptôme, ressenti par lui, peut se rencontrer dans l'angine de poitrine ou dans l'ataxie : l'impression auto-suggestive devient, si je puis dire, idée hétéro-suggestive.

Un malade qui pour dissiper un malaise, une douleur, une sensation de faiblesse, un spasme des paupières, etc., se recueille, concentre son esprit sur l'idée de non-existence du mal, cherche un dérivatif psychique ou physique, travail intellectuel, frictions, promenade, etc., pour détourner son sensorium du malaise, le malade, ce faisant, obéit à l'idée que cette manière de faire peut le guérir ou le soulager. Cette idée résulte de l'observation sur les autres confirmée par son expérience personnelle. Il en est de lui, comme si je lui suggérais : « Ayez l'idée que vous n'avez plus mal, que vous allez pouvoir marcher, que vos paupières ne sont plus serrées ; et si vous fixez votre attention sur cette idée, vous allez sentir le mal disparaître ? » C'est donc, en réalité, *une hétéro-suggestion qui préside à l'auto-suggestion*.

Ces courtes considérations établissent que la psychothérapie est la thérapeutique par l'idée, d'où qu'elle vienne. Mais pour être curative, cette idée doit être maniée, disciplinée, adaptée à l'individualité morbide, elle doit être souvent matérialisée et agissante. La volonté peut intervenir utilement en thérapeutique, quand elle est dirigée par une idée, par une suggestion active qui incite la cellule cérébrale à faire œuvre de dynamogénie ou d'inhibition curative. Aussi est-ce avec raison que l'auteur de ce livre l'intitule ainsi : *Education rationnelle de la volonté. Son emploi thérapeutique.*

Je ne veux pas le déflorer par l'analyse, mais laisser au lecteur le plaisir de le lire et d'en apprécier la haute portée médicale et philosophique ; il y reconnaîtra l'œuvre d'un clinicien et d'un penseur ; il y puisera aussi plus d'une réflexion morale singulièrement suggestive.

Dr BERNHEIM,

Professeur à la Faculté de médecine de Nancy.

AVANT-PROPOS

Le public non médical, et même médical, est encore peu familiarisé avec l'idée d'une médecine sans médicaments. Il n'est personne qui ne cite des cas de guérisons obtenues sans le secours d'aucun remède, par simple action morale ; mais on n'y voit que des faits exceptionnels, réalisables seulement chez certains sujets et dans le seul cas de névroses. Le nom même de psychothérapie, — qui par lui-même implique déjà une idée scientifique : l'application rationnelle à la thérapeutique des lois de la pensée —, est à peine usité. Il n'est pas cependant de méthode thérapeutique plus digne d'attention ; car il n'en est pas qui s'appuie sur des principes plus certains et d'application plus générale. Si l'utilité de la psychothérapie est souvent contestée ou méconnue, c'est qu'on ne se rend pas bien

1.

compte de son mode d'action ; c'est ainsi et surtout qu'on se fait une idée très imparfaite du rôle de l'élément esprit dans un très grand nombre de manifestations morbides. La notion d'une thérapeutique et celle d'une pathogénie psychiques sont inséparablement liées. Or, il est curieux de voir, — nous en donnerons plus loin des exemples —, combien de phénomènes pour lesquels on se contente à l'ordinaire d'explications banales, insuffisantes ou erronées, en tout cas sans portée thérapeutique, deviennent aisés à élucider si l'on songe à en demander l'interprétation à la psychologie. Dès lors, rien d'étonnant si, à ces manifestations essentiellement psychiques, le traitement à opposer doit être, par dessus tout, un traitement psychique.

L'application par nous sur nous-mêmes de la méthode psychothérapique, tel est le sujet de ce travail. Cette autothérapeutique psychique ne prétend pas aux résultats donnés par la psychothérapie courante. Peu étudiée jusqu'aujourd'hui, elle n'en présente pas moins un intérêt capital ; car elle nous paraît devoir servir de base à une Education rationnelle de la Volonté.

Notre intention première était de nous renfermer dans le domaine de la médecine pure : médecine qui s'écarte un peu, il est vrai, de la définition usuelle, puisqu'elle s'étend à la fois aux choses du corps et de l'esprit ; un peu spéciale aussi dans son mode d'application, puisqu'elle doit être mise en œuvre, non par le médecin, mais par le sujet qui devient lui-même son propre médecin. Et c'est ce qui explique que, tout en voulant garder à ce travail un caractère essentiellement scientifique, nous ayons en même temps cherché à rendre notre style aisément accessible, à en écarter le plus possible les termes techniques.

Il nous a paru ensuite que cette étude pouvait avoir, au delà des limites que nous lui avions primitivement assignées, une portée philosophique et morale que nous n'avions d'abord qu'imparfaitement entrevue, et qu'il était bon de faire ressortir. Notre chapitre « Observations » montrera amplement que nous avons entendu surtout faire œuvre pratique. Mais on verra, — nous l'espérons du moins —, que les idées exposées dans la dernière partie de ce travail étaient nécessaires pour lui donner son exacte valeur, qu'elles en forment la conclusion naturelle et logique ; nous nous sommes tenu, d'ailleurs, aux généralités, laissant à la réflexion personnelle de chacun le soin de développer ce que nous ne faisions qu'indiquer. On comprendra aussi que certaines pages, en raison même de la nature des idées à exprimer, ne pouvaient pas ne pas revêtir une apparence quelque peu littéraire; nous avons eu cependant le constant souci de garder à l'expression sa simplicité, en même temps qu'à la pensée sa précision.

Nous souhaitons, en terminant, que quelques personnes retrouvent, à lire ce travail, un peu du plaisir et du profit que nous avons eus à le penser.

PREMIÈRE PARTIE

ÉTUDE THÉORIQUE

CHAPITRE PREMIER

EXPOSÉ DU SUJET
LA THÉRAPEUTIQUE PSYCHIQUE

Nous nous proposons de montrer, dans ce travail, qu'il nous est possible de préserver de bien des atteintes notre être moral et physique, et, s'il arrive quelque mal à l'un ou à l'autre, de tirer de notre propre fonds soulagement ou guérison. Un tel dessein peut sembler ambitieux ; mais il apparaîtra moins difficile à réaliser, si l'on comprend qu'il repose sur l'étude des lois qui régissent notre esprit, — lois simples dans leur énoncé, mais assurément fécondes en heureuses conséquences pour qui consent à s'en faire l'application avec intelligence et méthode. Etudier ces lois et par une réflexion attentive se pénétrer de leur importance, — fortifier sa conviction par quelques premiers essais, — s'attacher ensuite à entretenir et à développer progressivement ce pouvoir de discipline morale et physique, voilà à quelles conditions nécessaires et suffisantes pourra, croyons-nous, s'effectuer cette œuvre si souhaitable de maîtrise de soi-même.

Il s'agit, en somme, d'une éducation de la volonté, mais en spécifiant que celle-ci doit et peut agir sur les maux de notre corps comme sur ceux de notre esprit. Il est banal de parler de l'influence de l'esprit sur le corps ; mais cette notion, qui pourrait être riche de résultats heureux, reste presque stérile, faute de revêtir une forme assez précise, faute aussi de rencontrer en nous une attention assez vigilante et assez cordiale pour la rendre féconde. Le médecin lui-même oublie trop souvent que son rôle est de faire la cure de l'âme comme celle du corps. Au malade abattu, neurasthénisé, il prescrit tous les médicaments réputés toniques du système nerveux, quinquina, kola, préparations phosphatées, etc., sans songer assez qu'une bonne parole dite à propos est souvent le plus réconfortant de tous les toniques. Il s'agit là, pourrait-on dire, de l'influence morale, en somme classique, du médecin sur le malade. Mais voici un cas où l'action psychique se révèle déjà plus précise et susceptible d'être dirigée avec méthode. Soit une de ces paralysies purement dynamiques, c'est à-dire qui ne s'accompagnent d'aucune lésion matérielle visible du système nerveux? Que fait-on en général. On essaie tour à tour les douches, le massage, l'électrisation : toutes médications qui trop souvent restent longtemps sans résultat. C'est qu'en effet ces médications ne s'attaquent pas (ou s'attaquent indirectement) à la cause elle-même : l'obstacle ne réside ni dans la moelle, ou dans les nerfs qui sont sains, ni dans les muscles qui possèdent leur contractilité normale, mais dans le cerveau qui a perdu sa fonction régulatrice. Si les mouvements, la marche (s'il s'agit des membres inférieurs), ne sont pas recouvrés, c'est que l'action de marcher suppose une coordination « intelligente » des contractions des différents muscles ; le malade se trouve dans une situation analogue à celle de l'enfant qui tente ses premiers pas. Et de même qu'on fait l'éducation de la marche de l'enfant, la guérison s'obtiendra ici en faisant l'éducation du membre paralysé, c'est-à-dire en réapprenant au cerveau qui l'a oublié, à combiner intelligemment les mouvements des divers groupes musculaires. C'est faire comprendre que le traitement primordial, en pareil cas, doit toujours être un traitement psychique.

Ce double exemple ne montre-t-il pas déjà la possibilité et l'importance d'une thérapeutique du corps par l'esprit, d'une thérapeutique psychique? Mais si celui qui a pour fonction de soigner, et, s'il le peut, de guérir, en a trop souvent une notion insuffisante, comment le commun des hommes pourraient-ils songer à essayer sur eux-mêmes s'ils n'en retireraient pas quelque bénéfice?

Prendre soin de notre corps est bien; mais formuler pour notre esprit une hygiène et une thérapeutique rationnelles est, à coup sûr, tout aussi nécessaire. Notre caractère, avec ses défauts ou ses qualités, n'est-il pas, en effet, l'origine première du succès heureux ou malheureux de toute notre existence, et quelle importance n'y a-t-il pas pour chacun de nous à développer celles-ci, à amoindrir ou éliminer ceux-là? Les souffrances morales ne sont-elles pas aussi vives, sinon plus, que celles de notre corps? N'ont-elles pas — qui plus est — sur celui-ci un retentissement trop réel et trop fréquent? Frayeur, surprise, colère, inquiétudes, ennuis, en un mot pensées émotives de toute nature, voilà ce que l'on trouve à l'ordinaire comme point de départ de l'hystérie, de la neurasthénie, de tous ces désordres nerveux plus ou moins précis qui ne sont guère que l'histoire amplifiée de l'action des « mouvements de l'âme » sur notre organisme. La crainte s'accompagne de tremblement, de battements de cœur, parfois de diarrhée ; le saisissement, de paralysie momentanée (les bras en tombent, suivant l'expression courante) ; la tristesse amène la sécrétion des larmes, l'inappétence, des digestions pénibles, une langueur de tout l'être ; l'anxiété provoque un serrement d'estomac, la pâleur de la face, le tiraillement des traits, l'insomnie, etc. N'y-t-il pas là comme un tableau en raccourci de la symptomatologie des névroses ? — Et ce n'est pas tout : le trouble de la fonction créera la lésion matérielle, moins aisément remédiable. — Puis, la lésion créée, l'attention, suivant d'autant plus docilement sa pente accoutumée, sera comme à l'affût de chaque sensation pour l'exagérer encore, et, par cette application involontaire et constante, nourrira et accroîtra le travail morbide. On parcourt alors un circuit dont il devient difficile de sortir : c'est le mal qui vit du mal [1].

1. Liébeault, *Thérapeutique suggestive.*

C'en est assez, semble-t-il, pour faire ressortir toute l'importance d'une thérapeutique morale autant que physique. Ce que le malade attend du médecin, alors même qu'il se sait dangereusement touché et qu'il ne croit plus la guérison possible, c'est un peu d'espérance, de foi, de réconfort. Et ne disons pas qu'il n'y a là qu'une illusion momentanée, ce qui, après tout, serait encore un bienfait, une simple action sur l'imagination, mot mauvais dont on a trop abusé pour masquer son ignorance des causes réelles. Ne semble-t-il pas déjà tout naturel, puisque les émotions dépressives entraînent à leur suite des désordres si variés et parfois si profonds de tout l'organisme, qu'une émotion favorable puisse provoquer une amélioration effective, et même, s'il est possible, le retour à la santé ?

« Sachons nous traiter, écrivait Feuchtersleben[1], comme Reil traitait, dit-on, ses malades.

1. Feuchtersleben, *Hygiène de l'âme.*

« Puisque je parle des sollicitations nerveuses utiles, écrit le professeur Bouchard, je puis bien dire que le médecin doit être une occasion de réactions nerveuses salutaires. Comme la quiétude, le contentement, la confiance est un auxiliaire puissant dans la lutte contre la maladie, la confiance, grâce à laquelle une parole d'encouragement fait naître l'espoir, puis donne la certitude de la

Entre ses mains on pouvait perdre la vie ; on ne perdait jamais l'espoir. » L'espoir, ce n'est pas assez dire ; car il dépend de nous de trouver en nous-mêmes, non seulement réconfort et soutien, mais soulagement réel ou même guérison des maux de notre âme comme de ceux de notre corps. Il suffit, pour cela, de l'emploi intelligent et assidu des ressources que nous offre l'exacte connaissance de nous-mêmes.

guérison. Cette confiance, il faut que le médecin sache l'inspirer à son malade ; il n'a pas besoin pour cela de prestance ni de prestige ; il lui suffit d'être instruit, attentif et bienveillant ». (Préface du *Manuel de Thérapeutique* de Berlioz).

CHAPITRE II

LA LOI FONDAMENTALE DE LA PSYCHOTHÉRAPIE : TOUTE IDÉE EST UN ACTE A L'ÉTAT NAISSANT.

Il est un principe essentiel qui sert, peut-on dire, de clef de voûte à tout l'édifice de la psychothérapeutique. A M. le professeur Bernheim revient l'honneur de l'avoir clairement formulé, d'en avoir fait ressortir avec vigueur les multiples conséquences. Ce principe est le suivant : Toute idée acceptée par le cerveau tend à se faire acte ; toute cellule cérébrale actionnée par une idée[1], actionne à son tour les fibres nerveuses qui doivent réaliser cette idée. Setchenoff écrivait déjà[2] : Il n'est pas de pensée sans ex-

---

1. L'expression a été critiquée, à tort, croyons-nous (V. le début du chap. III) ; les faits en tout cas subsistent.

2. Cité par Ribot, *Psychologie de l'attention*.

pression. La pensée est un acte à l'état naissant; c'est un commencement d'activité.

Ici une distinction doit être établie. La transformation de l'idée en acte peut s'opérer suivant deux voies différentes. Ou bien l'idée devient acte *positif*, c'est-à-dire sentiment, volition, sensation, mouvement (action de *dynamogénie*) : ou bien elle devient acte négatif, autrement dit, elle neutralise l'acte ; elle empêche le sentiment, la volition, la sensation, le mouvement de se produire (action d'*inhibition*). Dynamogénie, inhibition, ce sont là en somme deux aspects d'un même processus. Les exemples qui suivent seront la confirmation de la loi fondamentale dans sa double manière d'agir.

1° *Dans le domaine moral*, dans le monde des idées, des sentiments, des volitions, les faits à l'appui ne sont pas rares.

A. — *Idées.* — Tels sont les faits d'imitation. L'imitation d'autrui est notre première éducatrice; le jeune enfant accepte aveuglement les idées des autres, celles de ses camarades plus âgés que lui, plus tard celles de ses maîtres. Ce n'est que progressivement, que de la fusion de ces idées, parfois contradictoires, du contrôle qu'elles s'apportent réciproquement, se constitue la personnalité individuelle. Même l'adulte, même l'homme fait, s'imprègne des idées qui font atmosphère autour de lui. Il y a dans les hommes, dit fort justement Liébeault, des pensées par imitation, qui, tout absurdes qu'elles sont, font corps avec eux-mêmes, et se transmettent de génération en génération à la façon d'un instinct.

Il est des idées que nous énonçons tout d'abord sans y croire, et que nous finissons par admettre, à force de les répéter. Ainsi le menteur en arrive à croire lui-même aux histoires qu'il débite. Le sceptique qui, par snobisme, raille ses propres convictions, se prend lui-même à son piège : il ne tarde pas à douter réellement de lui, pour aboutir parfois à un complet découragement.

B. — *Sentiments.* — Un psychologue a remarqué qu'il n'est guère possible de lire le mot tristesse sans éprouver quelque peu ce sentiment. D'une manière plus générale on peut dire que l'idée d'un sentiment quelconque, peur, colère, plaisir, amour, envie, etc., pour peu qu'elle dépasse la simple forme verbale, ne va pas sans éveiller en nous un écho de ce sentiment. Tel est le fait suivant, démonstratif par sa banalité même : qu'au milieu d'un accès de colère, l'idée de calme passe tout à coup dans notre esprit, toute notre fureur s'évanouit comme par enchantement.

Chacun a pu observer qu'un spectacle charme ou fatigue, selon que l'idée première était qu'on y trouverait plaisir ou ennui.

On sait encore de quelle façon irrésistible se communiquent les sentiments. On se laisse gagner sans examen par la joie, la tristesse, les inquiétudes de ceux qui nous entourent. L'homme le plus morose ne tarde pas à se dérider devant l'image d'une gaîté franche. De même, si nous avons pitié de nos semblables, c'est que nous prenons notre part de leurs peines : nous souffrons, nous nous attristons avec eux ; leurs chagrins deviennent les nôtres. Notre pitié pour eux est donc faite de pitié pour nous-mêmes [1].

1. Cette formule peut paraître absolue. Il convient de l'atténuer en faisant remarquer qu'il faut distinguer divers stades dans la sympathie. A un premier degré, c'est la faculté de ressentir en nous-mêmes un sentiment éprouvé par autrui, et dont nous percevons la manifestation extérieure. A des degrés plus élevés, on s'identifie non seulement avec l'émotion de la personne avec laquelle on sympathise, mais avec son désir, son caractère, etc., en un mot avec tout ce qui constitue son moi, de sorte que ces sentiments que nous éprouvons par sympathie ne nous semblent plus être les nôtres, mais les siens.

C. — *Volitions.* — La vue du bien excite à bien faire. Inversement, le crime est contagieux; on pourrait citer des meurtres qui sont sortis avec tous leurs détails de la lecture de certains romans. Rappelons-nous encore à ce propos les exploits des anarchistes, les attentats au vitriol, etc. Les cas de suicide par imitation sont peut-être plus fréquents encore.

En somme, de même que l'idée d'un sentiment entraîne sa réalisation plus ou moins complète, la seule pensée d'un acte comporte toujours dans une certaine mesure l'idée de l'accomplir, voire même la conception des moyens à employer. C'est à ce titre qu'on a pu dire justement que le crime réside tout entier dans l'intention.

Inversement, l'idée est capable de neutraliser l'acte volontaire. « Un monsieur, dit Christison, était incapable de mettre à exécution les actes qu'il voulait faire. Parfois, au moment de se déshabiller, il restait deux heures avant de retirer son vêtement. Un jour son domestique lui présentait un verre d'eau qu'il avait demandé. Malgré son désir, il ne put le prendre, et le serviteur dut rester une demi-heure devant lui jusqu'à ce que l'empêchement d'agir eût cessé. » Les faits de ce genre sont fréquents, bien qu'à un degré moins marqué, chez les neurasthéniques, mélancoliques, névropathes en général.

2° *L'idée devient sensation.* — « Je ne puis penser, dit H. Spencer [1], que je vois frotter une ardoise, sans éprouver le même frémissement que me produit le fait lui-même. »

L'idée simple de la démangeaison suffit pour produire une démangeaison réelle. De même, il n'est pas rare de voir un prurit violent persister, alors que la cause en a de longue date disparu. On observe des douleurs d'origine analogue, souvent fort tenaces, chez les sujets nerveux, à la suite d'arthrites depuis longtemps guéries, de plaies complètement cicatrisées. Démangeaisons, douleurs, sont toutes dans l'idée. Leur guérison souvent rapide par la suggestion hypnotique en est la meilleure preuve.

Bien des personnes assistant à une opération souffrent avec le patient. « La vue d'un tousseur continuel, disait Montaigne, irrite mon poumon et mon gosier. Les angoisses d'autrui m'angoissent matériellement. »

1. Cité par Bernheim, *Hypnotisme, suggestion, psychothérapie.*

Hack Tuke cite un médecin qui peut, à toute heure du jour et dans n'importe quelle partie de son corps, produire des douleurs d'intensité variable. « C'est dans la paume de la main, dit-il, que la volonté produit les sensations les plus marquées. Partout ailleurs la douleur disparaît dès que la cause qui l'a produite cesse d'agir ; mais aux mains elle persiste longtemps, elle est même très vive, et il faut au patient une distraction puissante pour qu'il puisse s'en débarrasser. »

L'idée neutralise la sensation. — J'ai observé le fait suivant : Un malade se plaignait d'une douleur vive à la suite d'un coup violent reçu sur la poitrine. On lui mit le thermomètre ; après qu'on l'eut retiré, il déclara que « cela l'avait beaucoup soulagé ». Des faits absolument semblables ont été racontés par d'autres auteurs.

« Avant l'invention du chloroforme, dit Carpenter [1], les patients supportaient quelquefois de violentes opérations sans donner aucun signe de douleur, et après, ils déclaraient qu'ils n'avaient rien senti, ayant concentré leur pensée par un puissant effort d'attention sur quelque sujet qui les captivait complètement.

1. Cité par Ribot, *Psychologie de l'attention*.

Bien des martyrs ont souffert la torture avec une sérénité qu'ils n'avaient, de leur propre aveu, aucune difficulté à maintenir. Leur attention était tellement remplie par les visions béatifiques qui se présentaient à leurs regards ravis, que les tortures corporelles ne leur causaient aucune douleur. »

3° *L'idée devient sensation auditive, visuelle.* — Tout le monde sait qu'il suffit d'attendre une visite pour entendre d'avance le coup de sonnette. « Lorsque deux enfants, dit Hack Tuke, écoutent la sonnerie des cloches, si l'on affirme à l'un qu'elles disent : Longue vie au Roi, et à l'autre : Jamais, toujours, chacun entendra le carillon produire les sons auxquels il s'attend ». Nombre de personnes entendent de même sur le bruit monotone des roues de l'omnibus ou du chemin de fer les airs qu'elles désirent.

Galton [1] a publié un travail sur la faculté que quelques sujets possèdent de se représenter des figures sensibles, spécialement des nombres. Cette faculté, surtout développée chez certains calculateurs célèbres, se retrouve, dit-il, à divers degrés chez beaucoup, un sur trente environ.

1. Hack Tuke, *Le Corps et l'Esprit.*

Bien des personnes peuvent faire reparaître dans leur esprit avec tous les caractères de la réalité les objets auxquels elles pensent. Ainsi certains peintres voient leur tableau tout fait dans leur esprit, avant d'en avoir esquissé un seul trait sur la toile; certains compositeurs ont le pouvoir d'entendre des symphonies rien qu'en y songeant[1].

Un de mes maîtres dans les hôpitaux m'a confié qu'il avait ainsi le pouvoir d'évoquer des hallucinations visuelles; c'est par ce moyen qu'il réussit à s'endormir, quand le sommeil se montre rebelle. Il dispose à son gré diverses figures devant ses yeux, les anime, les fait mouvoir; peu à peu ces images que son esprit a créées se rendent à leur tour maîtresses de lui, l'entraînent à leur remorque loin de la réalité, et amènent enfin le sommeil cherché.

4° *L'idée devient sensation viscérale.* — Durand (de Gros) rapporte une expérience qui fut faite sur un groupe de malades dans un hôpital. On avait administré à ces malades une substance inerte, de l'eau sucrée. On simula une grande inquiétude, on prétendit qu'on s'était trompé par

1. Liébeault, *Sommeil provoqué.*

inadvertance et qu'on avait donné de l'émétique au lieu de sirop de gomme. Les quatre cinquièmes des malades eurent des vomissements.

Les simples pilules de mie de pain ont souvent déterminé, dans les mains de médecins sachant en user habilement, des effets aussi intenses sur l'intestin que les purgatifs les plus énergiques.

On a souvent cité le fait que Van Swieten raconte de lui-même. Un jour il passait près d'un chien crevé en état de putréfaction dont la puanteur le fit vomir. Passant au même endroit plusieurs années après, il se souvint si vivement de cette circonstance qu'il ne put s'empêcher de vomir à nouveau. Des faits analogues sont d'ailleurs très communément observés.

L'idée neutralise les sensations viscérales. — Parmi les faits de cet ordre, signalons la pratique de l'aiguillette nouée, qui entraînait une impuissance génitale momentanée [1]. Les médecins sont souvent consultés pour des impuissances de même nature, c'est-à-dire d'origine purement psychique.

1. Cette pratique consistait à former trois nœuds à une bandelette, en récitant certaines formules magiques; elle n'agissait naturellement que par la crainte qu'elle provoquait chez celui qui en était l'objet.

« Les expériences de jeûne prolongé, dit Bernheim, rentrent dans cette classe. On voit des mélancoliques, des hystériques supporter pendant des semaines l'absence totale de nourriture; l'homme qui meurt après plusieurs jours de jeûne ne meurt pas d'inanition, mais de la névrose faim, vraie maladie nerveuse qui se termine par stupeur et collapsus. Les jeûneurs volontaires supportent le jeûne parce que l'idée neutralise chez eux la sensation de faim. Succi, par exemple, est un croyant convaincu de la puissance de sa liqueur, fanatisé par sa foi dans l'efficacité de son breuvage. Il neutralise ainsi la sensation de faim par la conviction que cette liqueur l'a nourri[1]. »

5° *L'idée devient mouvement.* — Ainsi le bicycliste qui fond sur l'obstacle qu'il voudrait éviter. Tels encore les gens qui se précipitent dans un gouffre par la peur d'y tomber, qui se coupent avec leur rasoir par peur de se couper, etc.

L'expérience du pendule de Chevreul est restée célèbre[2]. Il avait observé qu'un pendule composé d'un fil métallique flexible et d'un corps

1. Bernheim, *ouv. cit.*
2. Hack Tuke, *ouv. cit.*

pesant tenu à la main, oscille au-dessus de certains corps, par exemple le mercure, quoique la main reste fixe et immobile. Il mit une lame de verre entre le pendule et le mercure, et vit que les oscillations, d'abord uniformément retardées, finissaient par s'arrêter. Comprenant que le mercure ne devait pas être la cause des mouvements du pendule, il fixa plus fortement la main qui tenait celui-ci, au lieu de fixer simplement le bras. Le résultat fut que le pendule n'oscilla plus du tout, qu'il y eût ou qu'il n'y eût pas de lame de verre interposée entre le mercure et lui. Chevreul en conclut à juste titre qu'un mouvement musculaire inconscient produisait ces oscillations qui l'avaient embarrassé; si le pendule se meut, c'est que l'opérateur s'attend à ce qu'il en soit ainsi.

Les expériences de lecture de pensées s'expliquent de la même manière. L'une des plus typiques, que nous avons vu faire, il y a plusieurs années, par M. le Dr Gley [1], professeur agrégé

1. Ce passage était écrit déjà lorsque M. Gley, à qui nous avions demandé l'autorisation de citer son nom, a bien voulu nous signaler un article publié par lui dans la *Revue philosophique* et précisément consacré à ces faits. Après avoir montré que l'expérience réussit mieux si le sujet n'a pas les yeux fixés sur ce qu'il écrit, mais fermés ou fixés sur un autre objet (cf. page 49, note), il ajoute:

de la Faculté de médecine, est la suivante : L'opérateur invite une personne, dont la main est armée d'un crayon ou d'une plume, à penser fortement à un mot ou à un nombre. Il tient sa main appuyée sur celle du sujet en expérience, attentif à enregistrer les mouvements qui sont inconsciemment transmis à celle-ci ; le sujet se trouve bientôt avoir involontairement écrit le mot ou le nombre pensé.

Il en est d'autres plus compliquées encore. Une personne met dans un endroit qu'elle choisit un objet encore inconnu du liseur de pensées. Celui-ci entre dans la salle, les yeux bandés ou non. Il parcourt alors rapidement la salle avec cette

« J'ai réussi cette expérience sur un très grand nombre de personnes d'âges divers et de l'un et de l'autre sexe, de conditions sociales variées, très bonnes en général. C'est dire qu'il n'y a pas à tenir compte d'un état plus ou moins morbide du système nerveux (hystérie, par exemple). Dans la plupart des cas, les mouvements graphiques sont absolument inconscients ; dans quelques cas, au bout d'un temps variable, mais toujours très appréciable, le sujet s'aperçoit qu'il exécute des mouvements ; ceux-ci cessent conséquemment d'être inconscients pour devenir simplement involontaires. J'ai toujours réussi jusqu'à présent, et du premier coup, avec les personnes qui savent un peu dessiner, à plus forte raison avec des peintres, sculpteurs, etc. (*Revue philosophique*, 1889, *Expérience relative au pouvoir moteur des images ou représentations mentales*).

personne. Celle-ci, qui ne s'aperçoit pas qu'elle parle à ce moment, non par la voix, mais par l'action des muscles, fait sentir à la main du liseur de pensées une étreinte plus ou moins forte, ou appuie plus ou moins fortement sur son front, suivant qu'on s'éloigne ou qu'on s'approche de l'objet caché. Il se fait donc là une lecture réelle des mouvements musculaires. S'il n'a pas les yeux bandés ou s'il les a mal couverts, le liseur de pensées est aidé en outre par l'expression inconsciente du visage du sujet quand il s'approche de l'objet caché. Bishop, Cumberland se sont acquis une grande réputation dans ce genre d'exercice.

L'idée neutralise le mouvement. — Une peur vive nous cloue sur place; l'idée que nous ne pouvons nous dérober au danger nous rend la fuite réellement impossible.

Les paralysies nerveuses ne sont d'ordinaire que la reproduction grossie de ces faits. Un homme est frappé de paralysie, en voyant une personne qui en est atteinte. Un autre reçoit un coup sur le bras : l'idée d'une paralysie possible lui passe par l'esprit, à l'état de veille ou de sommeil, et bientôt le bras est effectivement paralysé.

6° *L'idée devient mouvement viscéral, sécré-*

tion, etc. — L'action de la pensée sur les glandes salivaires est remarquable[1]. Il suffit en effet de la simple idée de nourriture pour exciter la sécrétion de ces glandes. Les expériences faites sur des sujets porteurs de fistules de l'estomac ont prouvé que cette idée exerce la même action sur la sécrétion du suc gastrique.

Certaines personnes peuvent localiser l'action de leur pensée, imposer leurs idées à un ou plusieurs muscles de la vie organique. Cette action s'opère souvent par l'intermédiaire des sensations; on a vu des exemples plus haut.

Il est des hommes qui peuvent à volonté augmenter ou diminuer le nombre des battements de leur cœur. Hack Tuke cite par exemple l'observation, contrôlée par lui-même, d'un M. Fox qui pouvait l'augmenter de 10 à 20 par minute; en deux minutes ce nombre passa de 62 à 82. Le colonel Towsend, dit-il encore, pouvait suspendre à volonté les pulsations cardiaques au point de passer pour mort. — D'autres provoquent à leur gré la dilatation ou la contraction pupillaire. — Darwin parle d'une personne qui par un effort volontaire arrivait si bien à faire naître les mou-

1. Hack Tuke.

vements péristaltiques de l'intestin qu'elle pouvait les faire agir en moins d'une demi-heure. — Bichat, au dire de Romberg, avait la faculté de vomir quand il le voulait, et je connais pour ma part une personne douée du même pouvoir.

Résumons-nous : les faits qui précèdent, et dont la liste aurait pu être beaucoup allongée, nous semblent suffisants pour confirmer la loi énoncée au début de ce chapitre : toute idée enferme en elle-même un commencement de réalisation ; toute idée est un commencement d'action. Quelques-uns des faits cités en petit nombre sont des faits rares ; la plupart ont été à dessein empruntés aux événements de la vie courante, et tirent de cette circonstance même toute leur valeur. La loi formulée n'est donc pas une loi d'exception. Elle se vérifie à chaque instant et pour chacun de nous.

Plaçons-nous maintenant au point de vue thérapeutique, le seul qui nous intéresse. Nous dirons : l'idée de guérison entraîne, dans la mesure où elle est possible, la guérison effective. N'est-ce pas pour cette raison que les médecins sont les gens du monde à qui les médicaments sont le moins utiles? Ils réfléchissent trop à leurs effets et perdent ainsi les chances de guérison qui naissent d'une confiance ferme dans la médication. Au contraire, ces mêmes médicaments guérissent souvent ou soulagent l'ignorant par le fait même de la foi qui s'y ajoute. — De même, un malade a-t-il la conviction que telle prescription lui sera favorable? S'il n'y a pas de contre-indication, n'hésitons pas à nous conformer à son idée, et le succès, nous en avons déjà eu maintes fois la preuve, justifiera notre manière d'agir. Ainsi, contrairement à la pratique de quelques médecins qui ne savent pas apprécier à sa valeur l'importance d'une médecine toute morale, gardons-nous de contrecarrer les désirs thérapeutiques de ceux que nous soignons. Amulettes, reliques, talismans, toutes ces pratiques qui nous semblent surannées et ridicules, n'ont-elles pas, par l'action morale puissante qu'elles exerçaient, opéré une quantité de guérisons? Un auteur du XVIe siècle, Pierre Pomponazzi[1], disait déjà : « Les guérisons attribuées à certaines reliques sont l'effet de l'imagination et de la confiance. Les méchants et les philosophes savent que si, à la place des ossements d'un Saint, on mettait ceux de tout autre squelette, les malades

1. Cité par Hack Tuke.

n'en seraient pas moins rendus à la santé s'ils croyaient approcher de véritables reliques. »

Assurément il ne dépend pas de nous de nous donner une foi aussi aveugle. Mais sans nous contenter de hausser les épaules au récit de semblables guérisons, allons plus au fond des choses. Analysons leur mécanisme, celui des cures réputées miraculeuses qui s'opèrent chaque année à certains pèlerinages célèbres, réfléchissons à la merveilleuse action de certains guérisseurs. Partout et toujours nous extrairons la même donnée fondamentale : l'idée qu'on doit guérir [1] entraîne avec elle la guérison. Pour établir les bases scientifiques d'une thérapeutique morale sur nous-mêmes, c'est cette donnée qu'il s'agit maintenant de mettre en œuvre.

1. Renforcée, il est vrai, dans les exemples qui précèdent, par l'élément émotif, puissant surtout quand il revêt la forme religieuse. Mais, dans tous les cas, l'émotion n'agit que par l'intermédiaire de l'idée.

CHAPITRE III

DE L'AUTO-SUGGESTION

Ribot, dans sa « *Psychologie de l'attention* », parlant de l'influence réciproque de l'âme et du corps, proteste contre ce dualisme traditionnel dont la psychologie est, dit-il, encore toute imprégnée et a tant de peine, même aujourd'hui, à se débarrasser. Pareille observation peut s'adresser à la médecine. Nous avons été habitués à voir dans le corps et dans l'esprit comme deux mondes entièrement distincts; le retentissement de l'un sur l'autre garde toujours un certain caractère de mystère. En tout cas, nous concevons malaisément qu'il se manifeste autrement que d'une façon lointaine ou passagère.

En réalité l'esprit n'a pas de barrière à franchir pour agir sur le corps; il agit sur lui, si l'on peut dire, de plain-pied, et la formule donnée par M. Bernheim : « L'idée devient sensation ou mouvement », reste parfaitement exacte et légitime. La pensée n'est pas un événement qui se passe « dans un monde éthéré, suprasensible, insaisissable » ; elle a d'une façon constante sa représentation et sa répercussion dans notre organisme. Si nous insistons sur ces données, c'est qu'il importe de se familiariser avec elles pour bien concevoir la possibilité et l'étendue de l'action que nous pouvons exercer sur nous-mêmes, par la seule direction imprimée à nos idées. Au reste, comme le philosophe prouvait le mouvement en marchant, ces notions tireront leur plus grande lumière des faits eux-mêmes, de ceux qui ont déjà été exposés, de ceux qu'il nous reste à faire connaître.

Un malade se plaint de fatigue, d'insomnie ; je lui affirme que la fatigue va disparaître, qu'il se sent déjà plus frais et plus dispos, que son sommeil sera excellent. Un autre souffre de la tête, de l'estomac, des membres ; je lui affirme que la douleur va s'atténuer, qu'elle s'efface complètement. Un autre encore est atteint d'une paralysie du bras ; j'affirme que les mouvements vont revenir, qu'il va pouvoir se servir de son bras comme auparavant. Certes, s'il existe une lésion organique, tout le courant moral que j'aurai ainsi mis en mouvement se butera à un obstacle invincible. Mais s'il s'agit d'un trouble purement formel du système nerveux, si même, avec une lésion matérielle certaine, le symptôme que je veux combattre n'en est pas fonction immédiate, les choses vont changer de face. Puisque toute idée tend à sa réalisation effective, si je répète mes affirmations, si j'insiste, j'éveillerai ainsi des tendances favorables qui pourront, lorsqu'elles auront acquis une force suffisante, neutraliser le phénomène morbide. Les idées de vigueur, de sommeil, parviendront à neutraliser la fatigue, l'insomnie, et se traduiront en force et en sommeil réels. L'idée de non-douleur calmera les phénomènes douloureux. L'idée que les mouvements sont possibles, restituera la motilité et fera cesser la paralysie. Telle est, dans ses traits essentiels, la doctrine de la suggestion. En dépit, ou peut-être en raison même de sa grande simplicité, c'est cette doctrine qui a ouvert à la thérapeutique, surtout à la thérapeutique des troubles si variés du système nerveux, toute une voie nouvelle, féconde en résultats. Et la généralité même de la formule sur laquelle elle s'appuie montre bien tout de suite qu'il ne s'agit pas là d'une thérapeutique d'exception, mais applicable à tous les sujets.

Une étape reste à franchir. Cette action bienfaisante que nous pouvons exercer sur autrui, qui nous empêche d'en user à notre profit? Si nous souffrons, pourquoi ne pas chercher en nous-mêmes et par les mêmes moyens notre soulagement? Tel est le principe de l'auto-suggestion raisonnée et consciente. Sur lui repose la possibilité d'une application à nous-mêmes de la thérapeutique psychique. Aussi est-il nécessaire d'y insister un peu plus longuement et d'en donner de façon plus nette la définition psychologique.

Dans le monde des états de conscience, idées, sentiments, volitions, qui s'agitent en nous, c'est, comme partout, aux plus forts, aux mieux armés pour la lutte, que revient la suprématie. Malheureusement, chacun sait par expérience qu'elle n'échoit pas toujours à ceux que nous désirons voir triompher. Nous paressons alors que la besogne nous presse; nous laissons prédominer en nous des passions qui peuvent nuire à notre avenir, à notre santé; nous nous laissons aller au découragement, alors que nous aurions besoin de toute notre énergie. Eh bien, toutes ces idées de travail, de calme, de courage, etc., presque effacées de la conscience par les idées contraires, actuellement timides, humbles, à qui nous souhaitons la victoire sans oser l'espérer, il est en notre pouvoir — si nous voulons et savons vouloir — de leur donner la force nécessaire pour prédominer à leur tour. Quel est l'agent qui opérera cette transformation? Notre attention, dont nous disposons dans une large mesure. S'affirmer une idée, se répéter cette affirmation, c'est, en cumulant ainsi sur elle l'attention, en la maintenant ainsi avec complaisance dans l'esprit, lui donner la vitalité nécessaire pour réapparaître des basfonds où elle sommeillait à la pleine lumière de la conscience. Par là, l'assentiment stérile que nous lui accordions se transformera en une croyance ferme et féconde; par là, elle acquerra une telle force d'expansion qu'elle aboutira presque fatalement à sa réalisation effective.

De même, entre l'idée de sensation, de mouvement, et la sensation, le mouvement mêmes, il n'y a pas de différence fondamentale; ce n'est qu'une question de degrés. Se suggérer une sensation, c'est, par l'attention qu'on y porte ainsi, rendre cette sensation naissante nettement perceptible. « Supposons, dit Hack Tuke, que vingt personnes fixent leur attention une minute sur leur petit doigt; voici à peu près ce qu'il adviendra. Quelques-unes n'auront conscience d'aucune sensation, d'autres éprouveront des sensations marquées, souffrance, douleur, battements artériels. La plupart sentiront une faible impression de pesanteur et de fourmillement ». Pareillement, si, par une nuit assez obscure, nous portons nos regards sur le ciel, nous n'y distinguons d'abord aucun point lumineux, puis, si nous fixons un point plus attentivement, sur ce fond qui nous avait semblé uniformément sombre, nous percevons le scintillement de quelques étoiles. Par l'attention que nous y portons, cette sensation primitivement subconsciente s'est détachée de l'ensemble de la sensation perçue.

Inversement, se suggérer la cessation d'une douleur, c'est en retirer l'attention qui l'entretenait, c'est faire qu'elle s'éteigne faute d'aliment. Il est de notion courante que l'attente de la douleur qui résultera d'un coup à recevoir, en augmente l'intensité. Au contraire la douleur n'est pas sentie, ou à peine, si l'attention est tout-à-fait distraite.

Ainsi, mise en jeu de notre attention qui, suivant son afflux ou son retrait, amplifie ou atténue, crée ou abolit, tel est le mécanisme qui se cache sous la formule simple de l'auto-suggestion.

Fait digne de remarque : si l'emploi de la suggestion dans un but thérapeutique, longtemps méconnu ou dédaigné, a enfin conquis la place qui lui revient légitimement, l'application que nous en pouvons faire sur nous-mêmes demeure encore presque totalement ignorée ; cette thérapeutique auto-suggestive compte pourtant de sérieux répondants et d'illustres précurseurs.

Pascal écrivait déjà : « La volonté est un des principaux organes de la créance, non qu'elle forme la créance, mais parce que les choses sont vraies ou fausses selon la face où on les regarde. La volonté qui se plaît à l'une plus qu'à l'autre, détourne l'esprit de considérer celle qu'elle n'aime pas à voir, et ainsi l'esprit, marchant d'une pièce avec la volonté, s'arrête à regarder la face qu'elle aime, et ainsi il en juge par ce qu'il voit. »

Leibnitz disait dans le même sens : « Nous pouvons nous faire croire ce que nous voulons, en détournant l'attention d'un objet désagréable, pour nous appliquer à un autre qui nous plaît, ce qui fait qu'en envisageant davantage les raisons d'un parti favori, nous le croyons enfin plus favorable. »

Jusqu'ici, il ne s'agit que d'action sur notre être moral. Zimmermann, en 1776, va plus loin :

« Je puis assurer, dit-il, d'après ma propre expérience, que dans les crises les plus fatigantes, si l'on parvient à distraire son attention, on peut non seulement adoucir le mal que l'on sent, mais quelquefois le faire disparaître. »

« Le célèbre philosophe Kant, sujet à des palpitations et souvent oppressé, triomphait de tous les symptômes maladifs dont il était affecté en transportant son attention sur un travail de tête appliquant. Il se mettait très vite en une sorte de sommeil, ce qui lui permettait, en concentrant ainsi son esprit, de perdre la conscience de ses maux[1]. »

Cabanis écrit, dans ses « *Rapports du physique et du moral* » : « Nous savons avec certitude que l'attention modifie directement l'état local des organes, puisque, sans elle, les lésions les plus graves ne produisent souvent ni la douleur, ni l'inflammation qui leur sont propres, et qu'au contraire une observation minutieuse des impressions les plus fugitives peut leur donner un caractère important, ou même occasionner quelquefois des impressions véritables, sans cause réelle extérieure ou sans objet qui les détermine ».

1. Liébeault. *Thérapeutique suggestive.*

Cabanis laissa malheureusement ces assertions à l'état de constatation pure des faits, et ne s'attacha pas à en poursuivre la vérification expérimentale [1].

Feuchtersleben raconte de lui-même qu'il ne put rendre supportable une existence maladive qu'à l'aide d'une lutte morale de tous les instants. Dans sa remarquable étude sur l' « *Hygiène de l'âme* », il écrit ceci : « On dirait que dans certains cas, pour être guéri, on n'a qu'à *vouloir l'être*. On a vu des gens, condamnés à garder le lit, trouver assez de force pour se sauver dans un incendie qui menaçait de les faire périr ». Ailleurs, il donne cette définition très explicite : « Puisque l'imagination peut attirer sur l'homme tant de périls et de souffrances, ne doit-elle pas aussi avoir la puissance de le rendre heureux ? Si, pour me croire malade, je le deviens réellement, ne puis-je aussi conserver ma santé par une ferme persuasion que je me porte bien ? ». Relevons encore cette pensée : « On arrive au but lorsqu'on y tend de tous ses efforts, car le désir n'est que l'expression des besoins de notre nature. Combien d'ambitieux réussissent dans la

1. *Id. Ibid.*

recherche des honneurs et des richesses? En serait-il autrement pour la santé? »

C'est à Liébeault qui sut, dans les manœuvres empiriques jusque-là régnantes, démêler d'une façon définitive la part essentielle de la suggestion, que l'on doit d'avoir établi du même coup les données formelles d'une thérapeutique fondée sur l'auto-suggestion.

« C'est, dit-il, ma conviction la plus entière. Il est un art de faire réagir le moral sur le physique, non seulement chez les autres, mais aussi sur soi-même, sans l'intermédiaire d'un endormeur, sans manœuvres, sans formules cabalistiques, sans fétiches, sans rien d'apparent, uniquement en concentrant son attention sur l'idée d'être guéri. Energie, précision dans les résultats, qualités qu'aucun remède n'a à un aussi haut degré, tout homme en possède l'agent. Non pas que je nie les propriétés et l'utilité des médicaments (je viens ajouter à la thérapeutique et nullement la détruire), mais une simple négation de la maladie est toujours bien interprétée dans l'organisme et suffit à elle seule pour amener de belles guérisons. Car la médecine morale est ce qu'il y a au monde de moins empirique. Seulement en concentrant sa pensée avec intention d'être guéri, on a déjà une science de l'art médical, en tant qu'appliquée à produire des effets curatifs. J'ai pu moi-même m'enlever une hémicrânie par deux fois et en quelques minutes, seulement en en exprimant le désir, tandis que je regardais un objet avec attention[1]. »

Ces lignes écrites dès 1866 n'ont pas éveillé l'attention qu'elles méritaient. A peine citerait-on depuis lors quelques faits isolés, entre autres une intéressante observation personnelle de M. Coste de Lagrave[2]. Signalons encore le livre de M. Payot sur « l'*Education de la volonté* ». L'auteur, philosophe et non médecin, cherche uniquement dans la volonté éclairée et raffermie un moyen de régler sagement nos occupations et notre conduite. Le mot de suggestion n'est pas prononcé. Au reste ces remarques n'enlèvent rien à la valeur et à la portée de ce très bel ouvrage[3].

La thérapeutique autosuggestive date de loin

1. Il est vrai qu'il ne s'agit plus tout à fait ici d'autosuggestion simple, la fixation du regard (employée d'ailleurs par nombre d'hypnotiseurs) déterminant un état d'esprit analogue à celui que nous étudierons plus loin sous le nom de recueillement ou sommeil.

2. *Revue de l'Hypnotisme*, 1890.

3. Notons encore un article de M. Blech. (*Revue de l'Hypn.*, 1897), qui signale divers travaux parus en Amérique sur la question.

cependant ; mais pour la retrouver, il faut savoir la dégager de certaines pratiques extra-scientifiques, dont beaucoup d'esprits se contentent de sourire, sans se demander si, derrière elles, ne se cache pas la vérité, qui, même en pareil cas, reste bonne à connaître. Les magnétiseurs, ces suggestionneurs sans le savoir, avaient, de longue date, remarqué que nous pouvons agir sur nous-mêmes comme sur autrui, et par les mêmes procédés. Ce pouvoir, ils l'avaient désigné sous le nom d'*automagnétisme*. Voici, par exemple, ce que nous lisons dans un *Manuel de magnétisme* de Crémieux : « Nous pouvons nous magnétiser nous-mêmes d'une manière efficace, dans le cas de douleurs locales, de petits accès de fièvre, après une trop grande tension d'esprit. Dans les cas graves, la magnétisation faite par une autre personne vaut beaucoup mieux, mais l'automagnétisation peut rendre bien des services. » L'automagnétisme n'est, en somme, que l'autosuggestion matérialisée par certaines manœuvres ou passes magnétiques.

Sur ce terrain des faits, la plus éclatante démonstration de la puissance que peut nous donner un exercice assidu, a été fournie, dès l'antiquité, par l'Ecole stoïcienne. Les enseignements de Zénon furent une admirable école où se développèrent lentement des volontés calmes et fortes. Où l'on se trompe, c'est lorsqu'on se représente les stoïciens se raidissant, pour ainsi dire, dans une lutte perpétuelle contre la souffrance physique et morale. En réalité, en apprenant à mépriser la douleur, ils lui retiraient ses conditions d'existence. Une douleur qu'on se refuse à percevoir se tarit dans sa source, et disparaît d'elle-même.

De nos jours on ne s'occupe plus guère de former des caractères; mais il suffit de jeter les yeux autour de nous pour nous rendre compte de ce que peut sur l'organisme un moral plus ou moins solidement trempé. Chez les sujets craintifs, peureux, en état de moindre résistance, ceux-là mêmes qui ont surtout besoin d'apprendre à vouloir, la moindre secousse ébranle profondément le système nerveux; la plus légère indisposition est pénible, traînante, suivie d'un état persistant de langueur et d'atonie de tout l'être. D'autres, au contraire, sont armés d'une sorte de volonté constante de se rendre inaccessibles au mal, et il semble bien que par là ils lui donnent en effet moins de prise ; même les affections aiguës sont plus bénignes chez eux ; la durée en est moins longue, la convalescence plus rapide. Survient-il une épidémie ? Elle frappe moins souvent et moins gravement ceux-ci, tandis que chez ceux-là la crainte de la maladie ouvre la porte à la maladie elle-même. Parmi ces heureux privilégiés, les uns tirent leur immunité relative de « l'égoïsme raisonné où ils se complaisent et qui éloigne de l'esprit tout ce qui peut l'affecter. Leur idée fixe est de ne s'émouvoir de rien, et ce qu'ils désirent, ils se le donnent ainsi[1] ». D'autres, grands travailleurs, trouvent dans leurs occupations de chaque jour un dérivatif puissant. « Si je n'avais eu mes soucis d'affaires, me disait une personne qui avait eu de dures épreuves à subir, et n'en avait été que modérément ébranlée, je me serais certainement rendu beaucoup plus malade. » D'autres encore trouvent leur garantie et leur soutien dans la contemplation d'une idée noble et sereine, religion, charité, poursuite désintéressée de la vérité scientifique.

Au-dessous de ces types bien tranchés se rangent nombre de faits de la vie courante, au moins aussi instructifs, car ils nous montrent apparaissant, par intervalles, chez presque tous, la cons-

1. Liébeault, *Thérapeutique suggestive.*

cience plus ou moins nette de l'empire que nous pouvons prendre sur nous-mêmes.

Ainsi, en proie aux plus vives inquiétudes, nous pouvons, si un étranger survient, les chasser au moins pour un moment, dérider notre front, et ramener le sourire sur nos traits. Ainsi, nous résistons quelque temps aux tentatives destinées à provoquer le clignement des paupières, le chatouillement de la plante des pieds ; nous savons retenir notre toux, maîtriser nos larmes, suspendre un besoin pressant de miction ou de défécation, surtout lorsque quelque sentiment nous aiguillonne, pudeur, amour-propre, etc. Ce sont là des observations banales : il en est d'autres plus précises. Hack Tuke raconte de lui-même qu'ayant à subir l'extraction d'une dent, il arriva à ne sentir presque aucune douleur en s'efforçant de se représenter des idées riantes. Un jeune homme m'a rapporté, qu'éprouvant depuis longtemps, après chaque rapport, une douleur vive et persistante au-dessus du pubis, il prit un jour le parti de se raisonner, de se dire à lui-même que cette douleur n'était fondée sur rien et devait disparaître, et de ce jour elle ne reparut plus. Un autre, étudiant en médecine, faisant une traversée de deux heures, put éviter le mal de mer en se répétant qu'il était tout à fait à son aise et ne se sentait nullement incommodé. Je connais une dame qui réussit à se préserver du même mal pendant la plus grande partie du trajet et par le même procédé. Il n'est presque pas de personne qui ne puisse retrouver dans ses souvenirs quelques faits semblables, je m'en suis convaincu par une rapide enquête.

Mais il est encore une catégorie de faits qui nous sont révélés par notre expérience journalière. Ces faits, pour communs qu'ils soient, n'en gardent pas moins à nos yeux une apparence de mystère, et, lorsqu'ils se produisent, ne manquent jamais de provoquer en nous un même sentiment de surprise. Tel est l'exemple suivant. On cherche un mot, un nom oublié ; malgré les plus grands efforts, le mot ne vient pas à la mémoire. « N'importe, disons-nous alors, lassé de cette recherche inutile, je m'en souviendrai tout à l'heure. » On passe à d'autres occupations, et au bout de quelques instants, le mot revient comme de lui-même. Ce simple fait comporte un double enseignement. C'est d'abord que le meilleur moyen, pour la volonté, d'arriver à ses fins, ne réside pas toujours dans l'effort volontaire, que cet effort est parfois même plutôt nuisible. Puis il nous initie à une donnée d'importance capitale : c'est que notre cerveau peut faire œuvre intelligente, sans que nous ayons conscience de la manière dont il procède. Il a suffi, par la suggestion qu'on s'est faite de mettre en branle l'activité mentale. L'idée, ainsi déposée dans l'esprit, y poursuit son chemin à notre insu, avec la sûreté et la régularité d'un automate, et finalement réapparait dans la conscience avec le mot cherché, alors que notre pensée en était déjà bien loin, et se croyait tout entière occupée par d'autres sujets.

De même bien des personnes peuvent se réveiller à l'heure qu'elles désirent ; il leur suffit, pour cela, d'y fixer l'attention quelques instants au moment de s'endormir. « Le matin, lorsqu'on a la tentation de s'abandonner à un sommeil plus prolongé, il est plus facile de sortir du lit par un acte automatique, que de vouloir accomplir cet acte et de faire agir les muscles. On se réveille, on a l'intention de se lever, la raison presse vivement de le faire, mais la volonté manque et aucun muscle n'agit. Mais si l'on vient à cesser de vouloir commander au mouvement par un acte de volonté, et que l'on détourne l'attention sur un autre sujet, il se trouve que l'on s'est mis sur pied pendant que l'on réfléchissait à autre chose.[1] » Un jeune homme m'a fait part de cette observation prise sur lui-même : lorsque, à la suite de préoccupations, il craint que son sommeil ne soit troublé, il peut à son gré éviter des rêves fâcheux et se procurer un sommeil calme, en s'affirmant le soir qu'il en sera ainsi. Je citerai encore une de mes malades de Beaujon qui, devant subir une opération, et craignant de bavarder sous l'action du chloroforme, se répéta le matin pendant deux ou trois minutes qu'elle ne prononcerait pas un seul mot pendant toute la durée de l'anesthésie. Ce qui se produisit en effet.

Ainsi donc, nous avons tous, ou presque tous, par intermittences, la conception fortuite, mais très exacte cependant, des modifications réelles, profondes, que nous pouvons opérer sur nous-mêmes par la simple affirmation que nous nous en faisons, c'est-à-dire par l'auto-suggestion sous sa double forme : auto-suggestion sur des phénomènes existant actuellement ; auto-suggestion à réalisation plus ou moins éloignée. Malheureusement ces faits demeurent à l'état d'exceptions : nous n'y voyons que des accidents heureux dont

1. Hack Tuke.

nous sommes les premiers surpris. Sachons mieux mesurer leur importance, mieux tirer parti de l'enseignement qu'ils nous donnent. Ces faits si simples recouvrent une loi d'application générale qui nous est maintenant connue dans son énoncé et dans ses conséquences. Prenons-en nettement conscience. N'attendons pas, pour en user, que l'idée nous en vienne d'elle-même. Au lieu de laisser le hasard nous suggérer de rares occasions de mettre à profit ces ressources que nous trouvons en nous-mêmes, tenons-les constamment présentes à notre esprit, pour étendre leur champ d'action, et pour, grâce à elles, préserver, soulager, amender, dans une large mesure, notre être physique et moral.

CHAPITRE IV

MOYENS DE RENFORCER L'AUTO-SUGGESTION DU RECUEILLEMENT

La thérapeutique auto-suggestive est maintenant formulée, établie. Reste à examiner si, en se plaçant dans des conditions plus favorables, il n'est pas possible de renforcer sa puissance d'action. Ici encore l'étude de la suggestion ordinaire (ou hétéro-suggestion, suggestion sur autrui), les données de notre expérience coutumière vont nous fournir des indications précieuses.

L'hétéro-suggestion se pratique sous deux formes différentes : ou à l'état de veille (c'est celle qui a été sommairement indiquée plus haut), ou à l'état de sommeil. Voici comment se réalise celle-ci. L'opérateur ordonne au sujet de dormir. Au besoin il s'aide de l'occlusion des yeux, de la description des différents symptômes qui caractérisent le sommeil : lourdeur des paupières, engourdissement de l'esprit, du corps tout entier, respiration calme et régulière, etc. Une fois le sommeil ainsi obtenu (ou un certain degré de sommeil, variable suivant les sujets), on procède alors aux suggestions thérapeutiques. Telle est la suggestion avec sommeil ou *hypnose*, et la suggestibilité, c'est-à-dire l'aptitude à transformer l'idée reçue en acte, est (en général) en rapport avec les degrés du sommeil, lequel peut varier du simple engourdissement, à peine distinct de l'état normal, jusqu'au sommeil profond avec oubli complet au réveil ; mais elle existe pour tous, puisqu'elle est déjà très manifeste à l'état de veille.

Ici encore, et comme pour la suggestion à l'état vigile, rien qui ne soit d'accord avec les phénomènes normaux. Toute idée reçue tend à se traduire en acte : l'idée de sommeil donnée par l'opérateur a donc pour corollaire la production du sommeil, lequel, par cela même, ne diffère en rien du sommeil ordinaire. Dans le sommeil ordinaire, comme dans le sommeil provoqué, existent toutes sortes de degrés : simple engourdissement, sommeil léger avec souvenir des rêves au réveil, sommeil profond avec oubli partiel ou complet. Et si la suggestibilité s'exalte dans le sommeil provoqué, c'est qu'elle s'exalte également dans le sommeil normal. On se représente souvent trop volontiers le sommeil comme un état d'inertie complète du corps et de l'esprit; il n'en est rien ; même dans cet état, le cerveau peut faire œuvre intelligente. Bien plus, il lui arrive d'imaginer, de raisonner, de déduire, avec une vivacité et une sûreté supérieures à celles qu'il a à l'état de veille. Qui ne s'est étonné, parfois, de voir pendant le sommeil réapparaître à la mémoire certains souvenirs qui en paraissaient complètement effacés ? De même, qui ne se rappelle avoir fait preuve dans certains rêves d'une intelligence plus aiguisée, plus subtile qu'à l'état normal ?

De pareils faits, singuliers de prime abord, trouvent cependant leur explication toute naturelle, si l'on analyse les phénomènes de la formation du sommeil ordinaire. Que fait le sujet qui veut se replier sur l'idée de sommeil ? Il cherche l'obscurité, le silence, ferme les yeux, pour se soustraire aux impressions visuelles et auditives, il s'allonge commodément de façon à mettre ses muscles dans le relâchement le plus complet, se couvre modérément pour éviter l'impression du chaud ou du froid ; enfin il s'efforce de chasser de son esprit toutes les idées qui pourraient le préoccuper. En un mot, il s'isole de tout ce qui peut amener la distraction des sens ou alimenter les facultés intellectuelles. Or, par là-même, il met, pour ainsi dire, en disponibilité, la somme d'attention, que retenaient pour se produire toutes ces sensations, tous ces mouvements, toutes ces idées. Que cette attention, ainsi rendue disponible, rencontre une idée où elle puisse s'accumuler, et cette idée, ainsi renforcée, verra s'augmenter dans une très large mesure sa puissance de réalisation.

Si, à l'ordinaire, nous ne nous rendons pas compte de ce fait, c'est que la seule idée sur laquelle se concentre l'esprit, c'est celle de repos : en sorte que sommeil et repos sont pour nous presque synonymes. Remarquons de suite qu'il n'en est rien : le neurasthénique peut dormir de longues heures, et se retrouver plus fatigué, plus brisé encore au réveil qu'au moment où il s'est endormi. C'est précisément, qu'au moment de l'entrée en sommeil, l'idée de fatigue prédominait en lui et qu'elle n'a pu que s'exagérer encore par l'état de concentration de l'esprit résultant du sommeil : cette explication qui n'a pas encore été donnée, croyons-nous, nous apparaît, tout au moins, fort vraisemblable. Long sommeil n'est donc pas, on le comprend, toujours synonyme de grand repos.

Supposons maintenant qu'au lieu de l'idée de repos, sur laquelle nous nous concentrons presque instinctivement chaque soir, nous tenions, volontairement cette fois, une pensée quelconque bien présente à notre esprit, au moment même où nous nous livrons au sommeil. Cette pensée, une fois le sommeil venu, continuera à se développer, à se dérouler d'elle-même sans effort, et qui plus est, grâce à l'état de concentration de l'esprit, avec une précision et une logique souvent supérieures à celles de la veille. C'est ainsi que les conséquences des résolutions que nous sommes sur le point de prendre, nous apparaissent plus clairement après le repos de la nuit, et ce n'est pas sans raison qu'un proverbe assure que « la nuit porte conseil ». On s'endort, cherchant à résoudre un problème ; on se réveille tout étonné d'en avoir trouvé la solution. Bien des écoliers savent de même qu'il leur suffit de lire une ou deux fois leurs leçons le soir pour pouvoir les réciter très couramment le lendemain. Bien mieux, le sommeil peut calmer un phénomène morbide, une douleur par exemple, si l'on s'en fait la suggestion en s'endormant. On souffre d'une névralgie, d'une douleur de tête, d'une rage de dents. « Cherchons à dormir », dit-on, et cela se passera. On s'endort, et, au réveil, il n'en reste effectivement plus trace. La concentration de l'esprit pendant le sommeil sur l'idée de cessation de la douleur, a eu pour résultat de faire disparaître totalement le phénomène douloureux.

Ces données établies, voici maintenant, sans plus insister, comment on pourra en tirer parti et comment nous conseillons de procéder.

On se placera, autant que possible, dans une chambre tranquille, à l'abri de l'agitation, du bruit, de la lumière. On s'étendra commodément, le corps bien libre de toute gêne, en sorte que rien ne vienne distraire l'attention ; on se mettra en un mot dans les conditions mêmes qui favorisent notre sommeil de chaque soir. Puis, fermant les yeux, on se concentrera sur l'idée de dormir. Au besoin, on aidera à la réalisation de cette première suggestion, en retirant, pour ainsi dire, sans effort, son attention de ce qui nous entoure, de notre corps, de nos pensées, pour la reporter tout naturellement sur la seule idée de repos; ou encore, on aura recours aux moyens variés que chacun sait imaginer pour amener le sommeil, quand celui-ci se montre rebelle : récitation de chiffres, de formules monotones, représentation de paysages imaginaires, régularisation du rythme respiratoire, etc. A un moment, nous sentons un certain état d'engourdissement et de calme de notre esprit et de notre corps : nos idées, nos sensations se sont comme obscurcies, comme voilées. Les phénomènes mêmes, que nous voulons combattre, ont déjà perdu un peu de leur acuité première. Nous nous donnons alors les suggestions convenables. Ces affirmations seront faites le temps que nous jugerons nécessaire, quelquefois mentalement, souvent, mieux encore, à haute voix ou demi-haute, pour que notre attention soit plus aisément captivée. A l'occasion même, nous saurons nous aider du geste, nous toucherons, nous frictionnerons légèrement la région souffrante, comme pour matérialiser notre suggestion, pour nous indiquer à nous-mêmes le point sur lequel doit se concentrer notre intention de guérir. N'est-ce pas, d'ailleurs, ce que nous faisons instinctivement, lorsque nous recevons un coup, lorsque nous souffrons de la tête, et notre premier mouvement n'est-il pas de porter la main sur le point lésé, comme pour y produire un soulagement au moins momentané? La suggestion finie, il suffit de rouvrir les yeux ; la transition est si facile qu'on peut à peine parler de réveil.

Le procédé est simple, on le voit. On crée, en somme, un état de sommeil léger, mais suffisant pour donner une suggestibilité réelle ; chacun saura, d'ailleurs, former son expérience personnelle et porter le sommeil au degré qu'il jugera utile. Si léger qu'il soit, l'esprit sera toujours capable d'une concentration plus grande qu'à l'état de veille. Au degré qui a été décrit, il s'agit d'un état analogue au demi-sommeil du soir, lorsque nous commençons à nous endormir, ou du matin, lorsqu'on commence à s'éveiller. Ces heures, lorsqu'elles pourront être choisies, seront assurément, et sans autre préparation, les plus propices à l'auto-suggestion. Beaucoup d'entre nous n'ont-ils pas observé combien cette somnolence du soir ou du matin est favorable à l'éclosion et à la maturation de nos idées? L'esprit, encore ensommeillé, reste assez capable de concentration pour donner aux idées le moyen de se déduire d'elles-mêmes, et d'autre part, il a repris un suffisant contrôle sur lui-même pour ne pas les laisser s'égarer à la dérive, comme cela se produit dans le sommeil profond.

Pour peu qu'on pratique pendant quelques jours ces exercices de sommeil léger et d'auto-suggestion, voici ce qu'on pourra remarquer : l'esprit s'habitue bientôt à se concentrer plus aisément ; simplement en fermant les yeux, même à l'état de veille complète, en tout lieu et à tout moment, au milieu de la foule, en promenade, il réussit à s'isoler suffisamment pour donner aux suggestions une efficacité beaucoup plus grande qu'auparavant. L'auto-suggestion devient, à mesure qu'on avance, à la fois plus puissante et plus aisée. Remarquons, en outre, qu'il y a lieu, ici encore, de tenir grand compte des prédispositions individuelles : c'est ainsi que la marche, les mouvements, les grands gestes favorisent chez beaucoup de personnes l'attention, la réflexion, le travail de la pensée. Répétons-le : les principes généraux étant posés, chacun, après s'être examiné, « tâté », saura bien, par l'expérience, reconnaître les corrections légères qu'il convient d'y apporter, pour les modeler sur son tempérament propre, et aussi sur les circonstances du moment.

Insistons sur ce point : l'auto-suggestion ne

demande pas (ou rarement) de tension de la volonté, d'effort volontaire[1]. Le « Je veux » est plutôt même nuisible, car il implique un désir, et, par conséquent, la possibilité d'une non-réalisation. On ne devra donc pas dire : « Je veux être fort, bien portant, etc. ». On usera de l'affirmation pure : « Je suis bien portant, fort, calme, je ne souffre pas, etc. » Même si nous n'y ajoutons pas tout d'abord la moindre foi, ces formules répétées machinalement finiront par amener peu à peu à leur suite l'idée qu'elles représentent. Puis nous nous attacherons à préciser cette idée, à lui donner des contours mieux accusés, une forme plus concrète, plus vivante. Nous nous représenterons, nous nous verrons tels que nous voudrons être, vigoureux, robustes, pleins de santé. Plus l'idée gagnera en précision et en relief, plus elle deviendra image, plus sa réalisation sera sûre. Ce que l'on concevra bien se réalisera aisément.

Souvent on pourra faire une observation

1. Il serait plus exact de dire que l'auto-suggestion ne demande pas forcément cette tension brusque qui correspond à ce qu'on nomme habituellement l'effort volontaire. Il y a bien effort, puisqu'il y a travail accompli ; mais ici l'effort est plus lent, graduel, donc moins senti, moins conscient; il est en outre différemment dirigé. Il

curieuse. Il s'agissait, par exemple, de phénomènes douloureux à dissiper. L'auto-suggestion vient d'être faite, la douleur persiste aussi vive ; il semble que le résultat soit nul. Quelque temps après, un hasard y ramène la pensée ; on s'aperçoit avec surprise que la douleur a disparu [1]. On serait tenté de conclure à une simple coïncidence, si l'on ne se rappelait fort bien maintenant l'intensité de la douleur primitive, si, raison plus convaincante encore, le même fait ne se reproduisait très fréquemment. Que s'est-il donc passé ? L'idée déposée dans l'esprit, une fois que l'attention consciente s'en est détournée, n'y a pas moins continué son chemin à notre insu ; peu à peu elle a « entamé » le symptôme que l'on voulait combattre, et, finalement, en a complè-

comprend en effet une série de temps successifs qu'on peut grouper ainsi : 1° Formation, puis maintien d'un état de vide plus ou moins complet de l'esprit ; 2° Dépôt dans l'esprit des idées qu'on veut se suggérer (fixer son attention, dit Ribot, c'est laisser un certain état de conscience durer et prédominer), et par suite, convergence naturelle et peu consciente (puis au besoin, active et consciente) sur ces idées, de l'attention qui a été rendue disponible.

1. La même remarque s'applique naturellement aux suggestions à échéance. On s'est suggéré, par exemple, un sommeil paisible pour la nuit suivante. Il semble que

tement triomphé [1]. En réalité la douleur avait été si bien dissipée que le souvenir même s'en était effacé : preuve nouvelle, s'il en était besoin, que l'idée d'une douleur et cette douleur elle-même se confondent. Supposons maintenant que la pensée n'eût pas été ramenée fortuitement sur la suggestion qu'on s'était faite. On serait demeuré sur sa conviction première, que l'auto-suggestion avait échoué. Il y a là, on le comprend, un écueil, et ces faits doivent être bien connus et soigneusement contrôlés à l'occasion par qui veut bien se pénétrer de la réalité et de l'efficacité de l'auto-suggestion.

Telle est l'auto-suggestion fortifiée par un état de sommeil léger. Il s'agit, en somme, d'un état assez analogue à l'état de « charme » de Liébeault, à l'état de « réflexion méditative » de Payot. Nous adopterons pour lui le nom de *Recueillement*. Le recueillement, c'est bien là l'état de l'esprit qui s'isole de toutes choses, de toutes sensations, de toutes pensées, pour se

---

l'idée n'ait pas pris une forme assez précise pour amener le résultat désiré. Le lendemain, on constate cependant que le sommeil a été parfaitement calme.

1. Comparez à certains des exemples cités au précédent chapitre.

replier tout entier sur un coin de lui-même, qui, dans le calme, sans tension, sans effort, sans fatigue, vivifie et féconde quelques idées préalablement choisies, par l'attention purement contemplative qu'il leur accorde.

Il reste à faire ressortir la puissance très grande que peut mettre l'élément émotif habilement manié au service de l'idée, pour y retenir l'attention et faciliter sa transformation en acte. Les guérisons dites miraculeuses, celles qui s'opèrent à la suite d'émotions vives, joie, peur, etc., nous montrent le sentiment renforçant l'idée à tel point que l'acte s'ensuit quasi-automatiquement, avec la vigueur et la précision d'un réflexe. Certes il ne dépend pas de nous de susciter, à notre gré, en nous-mêmes, des états affectifs aussi puissants. Mais ces indications ne doivent pas être perdues ; nous pouvons et devons en tirer parti. A vrai dire l'idée de guérir implique toujours en même temps un certain désir de guérir [1]. Mais ce n'est pas suffisant. On

1. Cette constatation nous semble très importante. On établit en général une distinction beaucoup trop catégorique entre le rôle de l'idée et celui de l'élément émotif. Pour l'émotion comme pour l'idée, tous les degrés existent entre l'inconscient et le pleinement conscient. En

saura colorer, échauffer l'idée en se représentant le plaisir qu'on éprouve à se dominer soi-même, l'usage que l'on pourra faire de la santé recouvrée, etc. Moins encore devrons-nous nous contenter de la négation pure et simple, si nous prenons à tâche de déraciner de nous-mêmes quelque passion ou habitude fâcheuse, goût du jeu, libertinage, paresse, etc. Nous nous peindrons énergiquement les joies calmes du travail, l'avantage qu'il y a à régler harmonieusement sa vie, la satisfaction que ressentiront de nos succès les personnes qui s'intéressent à nous, etc. Tous ces sentiments attirés progressivement de la pénombre à la pleine lumière par l'attention que nous projetons sur eux, atténueront peu à peu l'éclat des sentiments opposés, puis finiront par amener leur complet effacement.

Mieux encore : si une émotion favorable survient, quelle qu'elle soit, hâtons-nous d'utiliser, s'il y a lieu, l'excitation passagère qu'elle a

effet, d'après la loi même de la suggestion, il n'est pas d'idée d'agir (idée de guérir, dans l'espèce), qui n'implique une tendance à l'action, donc un certain désir d'agir.

imprimée à notre esprit pour rendre plus efficace notre auto-suggestion. Tout état affectif, sentiment, émotion, passion, est comme une accumulation de force nerveuse, d'énergie, qui veut se déverser au dehors. Sa route habituelle lui est-elle fermée? Elle cherche instinctivement à se frayer d'autres issues. Ainsi l'amour rebuté devient facilement de la haine. Ainsi une passion naissante, c'est-à-dire non satisfaite encore, semble donner plus de légèreté et plus de vivacité à tout notre être ; les conceptions de l'esprit deviennent plus promptes et plus pénétrantes, les mouvements des membres plus alertes ; les fonctions organiques elles-mêmes s'accomplissent, à coup sûr, plus aisément, avec un sentiment de joie et d'entrain. De même, l'individu en proie à la colère, et qui ne peut momentanément la satisfaire sur celui qui en est l'objet, s'efforce par tous les moyens d'user l'émotion qui bouillonne en lui. Il marche à grands pas, se répand en paroles injurieuses, parfois même contre ceux qui lui témoignent de la sympathie ; il sent qu'une violence quelconque le calmerait, même exercée sur des objets inanimés. Eh bien ! ce que nous faisons ainsi d'instinct, nous devons apprendre à le faire sciemment, et, cette fois, en vue d'un but délibérément choisi par nous. Au lieu de laisser s'épuiser en pure perte cette somme d'énergie que représente toute émotion, habituons-nous à la dériver, au moins en grande partie, au profit des idées que nous désirons faire triompher en nous; au besoin, efforçons-nous de provoquer ces émotions favorables. Qu'on s'étudie avec soin : on ne tardera pas à être frappé de l'aisance qu'un mouvement émotif, même léger, donne parfois au travail de l'auto-suggestion.

Il est des agents physiques qui exercent sur nous une influence tout à fait analogue. Tels sont certains médicaments : alcool, kola, café. Tels encore certains moyens externes, hydrothérapie, frictions, etc. Ce sont là procédés thérapeutiques ; mais ces procédés dérivent eux-mêmes d'une loi d'application générale qui peut se formuler ainsi : Toutes les sensations agréables, ou mieux, stimulantes, peuvent être utilisées pour l'auto-suggestion à la façon des émotions. Sensations issues des organes des sens : satisfaction résultant de la contemplation d'un beau paysage, d'une œuvre d'art, de l'audition d'une harmonie agréable ; — sensations issues des organes internes : ainsi sensation de plénitude et de bien-être qui suit l'ingestion d'un bon repas ; — sensations dérivées des organes de reproduction : ainsi sensation d'excitation générale, résultant du penchant sexuel contenu, et l'on sait que c'est ce fait, exact en lui-même, qui, bien ou mal interprété, a donné à Brown-Séquard l'idée de ses injections de liquide organique ; — sensations issues de la mise en activité de nos muscles : plaisir résultant de la marche, de l'usage de la bicyclette, de l'escrime, etc. En somme, qu'il s'agisse de sensation ou de sentiment, le mécanisme est le même ; le point de départ est ici dans une idée, là dans une impression physique ; mais tous deux aboutissent à un résultat identique, tous deux éveillent ou exaltent la tonicité de notre esprit et fournissent ainsi à l'auto-suggestion une matière plus riche et plus aisément malléable. Au reste, dans bien des cas, sensation et sentiment sont si intimement fondus ensemble qu'il est malaisé de démêler la part de l'un et de l'autre. Ainsi, dans un dîner d'amis, sensations et sentiments se font valoir réciproquement. Ainsi le plaisir causé par l'audition d'un morceau de musique résulte à la fois d'une sensation agréable produite par la douceur ou l'éclat des sons, et d'un sentiment proprement esthétique qui naît des idées musicales [1].

Mais il y a plus; il n'est pas jusqu'aux émotions ou sensations pénibles dont une tactique habile ne puisse réussir à se faire des alliés précieux. Ici la règle sera la suivante : nous accoutumer à soumettre au contrôle de la raison toute sensation, toute émotion défavorable, avec la ferme intention de discipliner à notre profit, d'adapter à nos fins ces forces hostiles. Ainsi nous parviendrons à transformer l'envie qui irrite et énerve en une émulation loyale et féconde. Ainsi cette tendance naturelle qui nous fait désirer de voir les autres se conformer à nos idées, tendance qui s'appelle présomption et suffisance chez l'homme qui ne prend pas la peine de réfléchir sur lui-même, deviendra chez l'homme intelligent une vertu qui se manifestera par des efforts actifs. Ainsi la pensée de la brièveté de la vie qui, chez tant de sujets, est cause de craintes dérai-

1. Tout ce qui précède s'applique au cas où l'auto-suggestion est rendue difficile par un état de dépression ou asthénie. Au cas de difficulté par excitation, les moyens à employer seront naturellement l'exacte contrepartie de ceux qui viennent d'être indiqués : émotions non plus stimulantes, mais calmantes ; non plus kola, café, mais valériane, bromure, etc. ; balnéation tiède, etc.

sonnables, pourra devenir salutaire si elle nous apprend à bien dispenser notre temps, à ne pas exagérer nos plaisirs, ni nos peines. De même, notre colère contre autrui se résoudra en indulgence, voire même en bonté pour lui. Car, s'il nous a offensé, peut-être est-ce le fait de dispositions naturelles sur lesquelles il n'est pas lui-même suffisamment éclairé, et qu'il ne peut d'ailleurs modifier en un instant. Au surplus, qu'importe ? N'y aura-t-il pas toujours quelque noblesse à nous montrer supérieur à lui ? Enfin, la souffrance physique elle-même peut avoir son plaisir, si elle nous permet de nous prouver à nous-mêmes que nous avons fait quelques progrès dans l'art de nous en rendre maîtres, et qu'elle ne nous atteint plus tout entier.

Assurément cette subordination de l'élément émotif, moral ou physique, à l'élément intellectuel, est un œuvre difficile et de longue haleine. Qu'on y prête attention : ce qui rend la tâche plus délicate encore, c'est qu'il y a pour nous un plaisir singulier, mais réel, à laisser nos passions, les mauvaises comme les bonnes, suivre librement leurs cours : de même l'abandon sans résistance aux appétits ou aux faiblesses de notre corps, voire même à la douleur physique, ne va pas sans un certain charme ; on se complait dans ses misères ; on aime à se les exagérer encore à soi-même. Ces imperfections de notre nature, il faut que nous les connaissions bien, pour réagir contre elles énergiquement, et avec l'espérance d'en triompher un jour. Aux jouissances trop faciles que nous apporte la satisfaction lâche donnée à nos tendances naturelles, il faut apprendre peu à peu à opposer les jouissances intellectuelles résultant du triomphe en nous des idées de raison. Celles-ci sont assurément plus malaisées à atteindre ; en revanche, elles sont plus calmes, plus sereines, et aussi plus saines ; elles s'élèvent au-dessus des premières de toute la supériorité de l'intelligence sur l'instinct. C'est quelque chose déjà que de concevoir la possibilité d'établir en nous la prééminence de l'intelligence et de la raison. Le but à nous proposer, c'est que notre esprit, s'imprégnant sans cesse plus profondément de cette conception, en arrive à découvrir en lui-même chaque jour, malgré des défaillances passagères, des concessions inévitables, quelque nouveau progrès vers cet idéal de santé, de beauté intellectuelle et morale.

CHAPITRE V

LA GYMNASTIQUE PSYCHIQUE OU AUTO-SUGGESTION EN ACTE

Si le lecteur a porté quelque attention aux pages qui précèdent, s'il veut réfléchir à l'universalité d'application du principe directeur de ce travail, il doit, pensons-nous, avoir dès à présent, la conception très nette de l'empire qu'il nous est permis d'exercer sur nous-mêmes par l'auto-suggestion, soit à l'état de veille, soit à l'état de recueillement. L'auto-suggestion, telle qu'elle vient d'être décrite, ne constitue pas cependant la seule arme dont dispose la thérapeutique psychique. Nous allons la voir maintenant se compléter, se transformer, de façon à réaliser une méthode nouvelle d'action sur nous-mêmes, tout aussi fertile en heureux résultats. Cette méthode ne vise pas à remplacer la première ; elle en est le complément nécessaire. Nous la désignerons sous le nom de *Gymnastique psychique* ou *Auto-suggestion en action.* La gymnastique psychique représente le pendant, pour ainsi dire, dans la psychothérapeutique sur nous-mêmes, de cette méthode sur laquelle M. Bernheim a si vigoureusement appelé l'attention dans la thérapeutique suggestive courante, sous le nom d'*entraînement actif à l'état de veille.*

Qu'est-ce donc que l'entraînement actif? Une observation fort intéressante que nous empruntons à la pratique de M. Bernheim va nous le faire connaître mieux que toutes les descriptions. Nous la reproduisons dans ses grandes lignes :

« Le 1er janvier 1893, étant à Paris, je fus appelé à voir une jeune dame, âgée de vingt-cinq ans, souffrant, depuis environ deux ans, de troubles neurasthéniques. Elle était mère de deux enfants, forte, bien constituée, sans maladie antérieure que des troubles nerveux, de père et mère nerveux. Elle était traitée depuis deux ans, sans résultat, par deux médecins avec qui je la vis en consultation. Elle avait des manifestations diverses, malaise cérébral, impossibilité de coudre, de lire, de travailler. Quand elle essayait de lire, ses idées devenaient confuses, l'attention ne pouvait se fixer. Elle avait une hyperesthésie générale, et spécialement une douleur vive à la région précordiale spontanée et au toucher, un sentiment de douloureuse lassitude dans les membres. Elle marchait péniblement et ressentait pendant la marche une douleur très vive dans le mollet. La digestion était laborieuse, les nuits pénibles. Il y avait surtout un état de torpeur générale physique et morale qui l'obligeait le plus souvent à garder le lit. Elle avait passé tout l'été, étendue sur une chaise longue, au Vésinet, et depuis le commencement de l'hiver elle ne quittait plus la chambre. Après avoir essayé en vain un traitement pour son estomac et épuisé le bromure, les bains, l'hydrothérapie et tous les antispasmodiques, elle restait dans le même marasme. On la soumettait à une hygiène rigoureuse, éloignant d'elle toute cause d'excitation, lui défendant tout exercice, toute occupation, qui d'ailleurs paraissait impossible.

Je constatai qu'il n'y avait chez cette jeune femme que des manifestations purement nerveuses, sans lésion organique. Et je proposai à mon collègue d'essayer sur la malade un massage qui, dans notre idée, devait être purement suggestif. J'affirmai à Mme X... que ce massage fait sur les nerfs calmerait la sensibilité douloureuse et lui permettrait dans quinze jours ou trois semaines de venir à Nancy où le changement d'air et le régime la remettraient.

Je la revis à Paris, aux vacances de Pâques. Le massage avait été essayé sans résultat, la dépression nerveuse restait la même, la malade ne marchait presque plus. Elle restait condamnée à la chaise longue, au lit, inerte, anxieuse, démoralisée. Une consultation avait eu lieu avec un professeur de la Faculté, qui avait conseillé l'isolement dans un établissement d'hydrothérapie, isolement rigoureux pendant plusieurs semaines ou mois, avec interdiction de voir aucun membre de sa famille, même de recevoir des lettres pendant les premiers temps. Elle ne pouvait s'y décider. Alors je lui proposai de venir avec moi à Nancy, non pas seule, mais avec son mari, ses enfants et tout son personnel. L'idée lui souriait, mais elle craignait de ne pouvoir faire le voyage, d'être trop faible, de défaillir en route. Je lui assurai qu'elle n'avait rien à craindre, puisque je voyageais avec elle. Et pour lui montrer qu'elle pouvait marcher, je la fis sortir de son lit et circuler dans l'appartement avec moi, ce qu'elle fit avec beaucoup d'anxiété et de douleurs dans les membres. Elle se décida ainsi que sa famille. Son mari loua une campagne aux environs de Nancy. Elle fut transportée à la gare, elle voyagea dans un wagon-lit et débarqua à Nancy d'où on la conduisit en voiture à sa campagne avec toute sa famille.

Le lendemain de son arrivée, je vins la voir. Pour tout traitement, je lui dis de se lever, et de se promener un peu avec moi en toute confiance. La prenant par la main et l'encourageant, je la fis marcher pendant plusieurs minutes ; elle était très anxieuse, se plaignait d'oppressions, de douleurs au cœur et de douleurs vives, surtout dans la plante des pieds.

Je lui affirmai que tout cela se passerait à la longue, et je cherchai à lui imposer confiance en riant et en lui montrant que je n'attachais aucune importance à ses souffrances. Au bout de quelques minutes, elle demanda la permission de s'asseoir, étant horriblement fatiguée ; je le lui permis, et après quelques minutes de repos, je la fis encore marcher pendant cinq minutes. Je n'ordonnai rien, lui permettant simplement de manger et de vivre comme elle voulait, de voir ses enfants toute la journée si elle le désirait et de suspendre toute espèce de médication. Le lendemain, je répétai la même chose, je l'entraînai à marcher pendant vingt minutes. L'anxiété avait beaucoup diminué ; mais la douleur précordiale et à la plante des pieds était toujours très vive. Je la fis marcher beaucoup plus vite ; de plus, je lui prescrivis de marcher à diverses reprises, autant qu'elle le pouvait, dans la journée. Le troisième jour, elle marcha avec moi pendant plus d'une demi-heure ; je la fis courir de toutes ses forces, malgré la douleur, et continuant ainsi cet entraînement, j'arrivai facilement, au bout de huit jours, à lui faire faire deux lieues à pied. La douleur précordiale disparut au bout de huit à neuf jours, la douleur plantaire au bout de quinze jours à trois semaines.

Je procédai de même pour faire lire la malade. Après quelques jours du traitement, elle se plaignait encore de ne pas pouvoir comprendre ce qu'elle lisait ; alors je la fis lire à haute voix devant moi, en lui certifiant qu'elle allait comprendre quelques lignes. La conception fut un peu vague la première fois. Je lui dis : « Lisez de nouveau : vous allez très bien comprendre. » Elle comprit en effet et je lui appris ainsi à fixer son attention. En trois séances de lecture, ce fut chose accomplie.

En continuant ainsi cet entraînement ambulatoire avec suggestion active à l'état de veille; la malade se trouva rapidement transformée d'une façon complète, au physique et au moral, à la stupéfaction de sa famille. Après un mois de séjour à Nancy, elle rentra à Paris, et reprit la direction de son ménage, pleine de vie et d'activité, heureuse. Elle continua à faire ses deux heures de promenade par jour, mangeant et digérant bien, vivant de la vie de tout le monde, allant, venant, n'attachant plus aucune importance à quelques douleurs nerveuses, points névralgiques et migraines qui reviennent par intervalles. ». La guérison a persisté jusqu'aujourd'hui.

M. Bernheim fait suivre cette observation des réflexions suivantes : « Qu'ai-je fait dans ce cas ? Je n'ai pas fait d'hypnotisme. Il est probable que l'hypnotisme, c'est-à-dire le sommeil passif provoqué, ne l'eût pas guérie. Elle n'était d'ailleurs pas hypnotisable ; j'ai essayé plus tard de l'endormir sans pouvoir y arriver. J'ai fait de l'*Entraînement suggestif*, j'ai fait de la *Dynamogénie psychique*, adaptée à l'individualité du sujet ;

car il ne faudrait pas croire que toutes les neurasthénies soient de même qualité et toutes justiciables de la même thérapeutique suggestive.

Ici il s'agissait d'une jeune femme qui avait des douleurs nerveuses et une sensation de malaise général physique et moral qui avaient été l'objet d'une hygiène excessive et déprimante... Je pris le contre pied de tout ce qui avait été fait jusque-là. Je la fis se lever, je la fis marcher, je la soumis à un entraînement actif, et ainsi j'opérai, en même temps qu'une véritable dynamogénie cérébromotrice, une dérivation psychique. La malade se voyant, se sentant marcher, reprenait confiance. Elle cessa de se replier tristement sur elle-même. Je lui appris à lire en la faisant lire comme je lui avais appris à marcher en la faisant marcher. Et par ce procédé très simple, je guéris une neurasthénie tenace qui depuis deux ans faisait le désespoir de la malade et des médecins [1] ».

Ces réflexions claires et précises permettent de comprendre le rôle et l'importance, dans la thérapeutique morale sur soi-même, de la gym-

1. Aimé, *Dynamisme nerveux psychique.*

nastique psychique. La seule différence dans ce cas, c'est que « l'entraîneur », ce sera le malade lui-même. Il importe cependant d'y insister, d'en analyser plus exactement le mode d'action, en le comparant à celui de l'auto-suggestion agissant par l'idée, ou *idéative*, seule étudiée jusqu'ici.

Le principe de l'auto-suggestion idéative est le suivant : se suggérer une idée, et par là cumuler l'attention sur elle, de telle sorte que la réalisation s'ensuive. Dans la gymnastique psychique, la suggestion initiale existe, mais elle passe au second plan ; ce n'est pas sur elle que porte le poids principal de la pensée. Prenons pour exemple l'observation tirée d'un proverbe connu, et dont chacun a pu vérifier la justesse : « L'appétit vient en mangeant », observation qui est un cas typique d'auto-suggestion en acte. La personne qui se tient ce raisonnement croit de bonne foi, lorsqu'elle se met à manger, qu'elle n'a aucun appétit. Si l'on veut bien y réfléchir, il n'en est rien. Si cette personne n'avait pas, si obscur qu'on le suppose, ou quelque cause qu'on lui attribue (puissance de l'habitude, nécessité de soutenir ses forces), un certain désir de manger, donc un certain appétit, il va de soi qu'elle n'aurait même pas l'idée de commencer à le faire : elle repousserait tout aliment.

L'idée première existe donc. Mais ce n'est pas directement sur elle que nous agissons. En faisant les mouvements qui dérivent ordinairement de l'idée d'appétit, nous marquons notre attention d'habituer de nouveau cette idée à peine ébauchée à engendrer l'acte correspondant, de rétablir entre l'un et l'autre la soudure interrompue. Mais ce n'est pas tout, et voici maintenant le fait essentiel : entre l'idée et son expression physique, il existe une association constante et tellement intime qu'on ne peut agir sur l'un de ces deux éléments sans agir sur l'autre. L'acte accompli va donc aller, par une sorte de ricochet, de choc en retour, renforcer l'idée génératrice. Toute idée suggérée tend, nous l'avons vu, à sa traduction en acte, mais voici la contrepartie : qu'on simule la traduction extérieure de l'idée, et l'idée, si faible, jusqu'alors, qu'elle s'ignorait elle-même, s'éveillera, se fortifiera, se précisera de plus en plus[1].

Si l'on résume la théorie de la gymnastique

1. Et par l'idée, naturellement, les sensations, sentiments, tendances qu'elle représente.

psychique, on trouve en somme ceci : d'une part une idée thérapeutique toujours existante, mais sur laquelle l'attention ne concentre pas son principal effort, de l'autre tentatives d'associer à nouveau cette idée à son incarnation physique habituelle, enfin et surtout action en retour de cette traduction extérieure de l'idée sur l'idée elle-même. Au point de vue de l'application pratique, tout ceci se condense dans cette formule très simple : *Se comporter comme si l'on était tel que l'on souhaite d'être.*

C'est là une donnée que nous appliquons d'instinct en mainte circonstance ; mais le secret, ici encore, est précisément de bien nous rendre compte de nos ressources, de manière à tenir toujours présente à notre esprit la possibilité d'en tirer parti. Ainsi nous sommes restés longtemps assis, les cuisses croisées l'une sur l'autre ou appuyées sur le rebord de notre siège. Lorsque nous voulons nous lever, nous sentons au-dessous du point comprimé un engourdissement pénible, des fourmillements douloureux dus à la compression des nerfs sciatiques. Restons dans la même position : tous ces phénomènes iront s'exagérant, nous le savons fort bien. Aussi que faisons-nous ? Nous nous décidons à essayer quelques mouvements, d'abord avec précaution, puis à faire quelque pas. Au bout de peu d'instants, tous ces troubles ont disparu. — Au sortir d'un repas copieux, on se laisse aller sans transition au sommeil : on se réveille plus lourd et plus fatigué qu'auparavant. Au contraire, qu'on se décide à faire un tour de promenade, sans tenir compte de la pesanteur de la tête et des membres : peu à peu on arrive à se sentir plus frais et dispos. — Le neurasthénique qui s'attarde au lit, une fois éveillé, sait parfaitement que sa fatigue matinale ira s'accentuant : qu'il prenne sur lui-même de se dégager de ses rêvasseries, de se lever sans plus attendre : les occupations auxquelles il est obligé de se livrer opèrent progressivement dans son esprit une dérivation salutaire ; et, du même coup, s'atténueront et se dissiperont les sensations de lassitude, de torpeur physique et intellectuelle où il s'enlizait. A mesure que la journée avance, son éducation se perfectionne. Ainsi s'explique ce fait d'apparence paradoxale : le sujet se sent plus reposé de corps et d'esprit, après les fatigues de la journée, qu'après le soi-disant repos de la nuit.

Pour les phénomènes d'ordre moral, cette

action en retour exercée sur eux par leur manifestation extérieure a été depuis longtemps remarquée. « On rapporte, dit Liébeault, que Campanella, quand il voulait connaître ce qui se passait dans l'esprit de quelqu'un, contrefaisait de son mieux la physionomie et l'attitude de cet homme, en concentrant en même temps sa pensée sur ses émotions propres [1]. » « Les plus profonds des psychologues pratiques, Ignace de Loyola, Pascal, recommandent les actes externes de la foi comme éminemment propres à placer l'âme dans l'état affectif correspondant. A l'état de sommeil hypnotique, l'attitude correspondant à une émotion est souveraine pour suggérer l'émotion. Quelle que soit la passion que l'on veut exprimer par l'attitude du patient, quand les muscles nécessaires à cette passion sont mis en jeu, la passion elle-même éclate tout d'un coup, et l'organisation entière y répond. D. Stewart raconte que Burke assurait avoir souvent éprouvé que la colère s'allumait en lui à mesure qu'il contrefaisait les signes extérieurs de cette passion. Est-ce que les chiens, les enfants et même les grandes personnes qui luttent en jouant, ne finis-

1. Liébeault, *Thérapeutique suggestive.*

sent pas par se fâcher tout de bon? Est-ce que le rire, les larmes ne sont pas contagieux? Le cérémonial chinois, si propre à suggérer une haute idée de l'autorité, n'a-t-il pas été délibérément établi par Confucius qui, comme Loyola, pensait que les gestes tendent à suggérer les sentiments correspondants? Est-ce que les pompes catholiques, avec leur cérémonial d'une psychologie si profonde, ne sont pas singulièrement propres à faire sur les âmes, même peu croyantes, une grande impression?... il est bien inutile d'ailleurs d'entasser des exemples; on en trouve facilement en cherchant[1]. »

On parviendra à donner à la gymnastique psychique sa plus grande puissance, en agissant à la fois sur le point de départ et sur le point d'arrivée, en combinant à l'auto-suggestion active l'auto-suggestion de l'idée. En même temps qu'on donnera à l'idée qu'on veut se suggérer sa traduction en acte, on donnera à cette idée elle-même son maximum de valeur. Tantôt ce sera en se concentrant simplement sur cette idée sans effort très apparent. Telle est l'observation prise par Feuchtersleben sur lui-même: « Pour

1. Payot, *Op. cit.*

faire disparaître les mouches volantes qui troublent ma vue, il me suffit de fixer le regard avec fermeté sur les objets vacillants. » De même, en cas de douleurs dans les membres inférieurs, on se mettra à marcher, en se répétant à soi-même que ces douleurs n'existent pas. Tantôt — et plus souvent — ce sera en s'interpellant soi-même avec énergie, en se stimulant, en se secouant, en se gourmandant sur sa mollesse, sur son excès de sensibilité, etc. C'est là l'entraînement suggestif proprement dit. L'idée thérapeutique, ainsi échauffée par cette excitation suggestive répétée, trouvera de plus en plus aisément sa réalisation. L'acte deviendra progressivement moins pénible à accomplir ; et ce que l'on faisait d'abord à contre-cœur ne tardera pas à se faire avec moins de répugnance, bientôt même avec plaisir.

Dans certains cas intéressants, l'auto-suggestion active pourra même se combiner avec le recueillement. Supposons, par exemple, une faiblesse, une douleur dans les bras. Une fois en état de recueillement, j'imprimerai aux membres souffrants différents mouvements, en me répétant que tous ces mouvements s'accomplissent sans fatigue et sans douleur. Supposons encore une crampe des muscles de la main. Une fois en état de recueillement, j'exécute des mouvements analogues à ceux de l'écriture en me concentrant sur cette idée que les muscles sont libres, que toute crampe a totalement disparu. L'auto-suggestion faite sous cette forme, lorsque cela est possible, donnera souvent d'excellents résultats : la théorie en fournit d'ailleurs la démonstration suffisante.

Quelques-uns des faits cités plus haut ont fait entrevoir l'intervention, dans le mode d'agir de la gymnastique psychique, d'un élément sur lequel nous avons à peine insisté, et qui présente cependant une importance capitale. Je veux parler de la dérivation à laquelle elle oblige l'esprit, et qui peu à peu l'arrache à la concentration obsédante où il se complaisait. La *distraction*, ce remède connu et puissant, est une forme de l'auto-suggession active. Se distraire, c'est faire inhibition à un trouble dont on veut se débarrasser, en feignant de l'ignorer, en le traitant par l'indifférence. C'est en un mot *se comporter comme s'il n'existait pas*. Pascal raconte de lui-même qu'éprouvant un jour un atroce mal de dents, il s'appliqua à résoudre un problème, celui de la courbe cycloïde ou roulette. Quand il eut fini, il s'aperçut que sa douleur avait disparu[1]. Chacun de nous a recueilli sur lui-même des observations analogues ; tous nous savons que si l'esprit consent à se laisser distraire, non seulement nos peines morales s'atténuent ou s'effacent, mais encore des souffrances physiques : chez l'un un mal de tête, chez l'autre une névralgie, etc. De même le polyurique oublie d'uriner, le tousseur ne songe plus à tousser. Lorsqu'il s'agit d'un phénomène profondément ancré en nous-mêmes, cette lutte détournée sera souvent plus efficace que la lutte ouverte. « Si je m'applique fortement à faire abstraction de l'objet A ou B, dit Feutchtersleben, je maintiens cet objet dans ma pensée, je manque mon but. Que si je fixe l'objet C, A et B s'éloigneront spontanément. » L'attention peu à peu captivée par une lecture passionnante, un problème dont on veut chercher la solution, par une émotion quelconque qu'on aura su provoquer, se détournera peu à peu du trouble moral et physique contre lequel la suggestion directe seule restait infructueuse, et qui s'éteindra insensiblement de lui-même. Pareillement, à des préoccupations qui nous accablent

1. Liébeault, *Th. sugg.*

nous saurons en opposer d'autres (préoccupations matérielles, nécessité de songer à nos proches, etc.), qui nous montreront que nous avons encore besoin de notre énergie et qu'il nous reste une tâche utile à remplir.

Nous avons, chemin faisant, donné un certain nombre d'exemples de gymnastique psychique. Nous insisterons encore, en terminant, sur la puissance d'action que cette méthode active de suggestion met à notre service pour réformer nos idées, nos sentiments, nos tendances, en un mot notre caractère.

Notre être moral se manifeste par une triple voie : par notre attitude (y compris l'expression de la physionomie, les gestes), par nos paroles, par nos actes. Par cette triple série de manifestations, il nous est permis d'exercer une influence indirecte, mais réelle et profonde, sur notre manière de penser, de sentir, de vouloir. Ainsi, impressionnables, sachons nous habituer à graver le calme sur nos traits, à modérer en tout temps la vivacité de nos mouvements ; timides, à redresser notre corps, à parler à voix haute et distincte, à fixer franchement les yeux sur nos interlocuteurs. De même que les caractères précipités s'imposent la nécessité de marcher lentement, d'écrire lentement, de manger lentement ; que l'indécis s'impose celle d'agir avec promptitude. Que le rêveur s'oblige à s'occuper des mille petits soins journaliers de l'existence. Que le névropathe qui fixe malaisément son attention s'adonne à des exercices, tels que gymnastique, escrime, bicyclette, qui le contraindront à des mouvements vifs et précis. Sommes-nous tristes, préoccupés? Une chanson, que nous fredonnerons d'abord à contrecœur, parviendra insensiblement à faire rayonner en nous un peu de gaieté ; si l'on nous convie à une réunion, à un spectacle, prenons sur nous d'accepter, malgré notre répugnance instinctive, et, sans même que nous nous en apercevions, notre esprit se laissera peu à peu captiver par des idées plus riantes. Bien souvent, ce que nous pouvons faire de plus efficace pour nous transformer, c'est de nous placer ainsi dans des conditions qui nous forcent d'acquérir certaines habitudes, dans des situations où nous soyons forcés d'agir. Il s'agit seulement de commencer, le reste ira de lui-même. Peu importe que nous aimions ce que nous faisons. L'essentiel est de le faire, et, à force de le faire, nous finirons par l'aimer.

Enfin, et ce n'est pas là le point le moins important, attachons-nous à nous peindre dans nos paroles tels que nous souhaitons d'être[1], doués d'énergie, de volonté, de bonté, etc., ou encore pleins de vigueur, de santé physique, à peu près ou complètement remis d'une indisposition qui, en réalité, laisse encore en nous des traces assez sensibles. Le menteur ne tarde pas à croire à ses propres hâbleries ; bien des personnes se rendent malades à force de parler de leurs petites misères. Par les mêmes procédés nous exercerons sur nous-mêmes une action modificatrice réelle, mais cette fois, en pleine conscience et pour le plus grand profit de notre esprit et de notre corps. Ces mensonges voulus trouveront leur excuse dans ce fait que progressivement ils deviendront vérités. La première affirmation nous sera sans doute pénible à formuler, car elle va à l'encontre de ce que nous pensons et sentons. Répétée une seconde fois, elle nous coûtera déjà moins, et bientôt elle nous semblera résulter de la nature même des choses. Je me trompe, elle résultera bien réellement des faits eux-mêmes. Car les affirmations, les suggestions de

1. « Tout d'abord l'homme parle comme il pense, après quoi il pense comme il parle. » (Maine de Biran.)

volonté, de vigueur, etc., que nous nous serons ainsi données se traduiront par une augmentation bien réelle de notre volonté, de nos forces. Et ces suggestions auront une puissance de réalisation d'autant plus grande, que, faites publiquement, elles auront notre amour-propre pour soutien ; nous mettrons une sorte de point d'honneur à vouloir justifier les engagements pris ainsi à la face de tous.

CHAPITRE VI

L'HÉTÉRO-SUGGESTION ; SES RAPPORTS AVEC L'AUTO-SUGGESTION

Auto-suggestion idéative, auto-suggestion active ; dans ces deux formules se trouve condensée toute l'autothérapeutique psychique. Il n'est pas de moyen d'action sur nous-mêmes qui n'y rentre ; il n'est pas de phénomène auquel elles ne puissent s'adapter.

Mais voici qu'une sérieuse objection se présente. « Ce que vous appelez thérapeutique par nous-mêmes, va-t-on nous dire, mérite-t-il bien réellement ce nom ? N'est-ce pas vous qui donnez la suggestion initiale, vous qui, avec vos idées, votre volonté, êtes présent à l'esprit de celui qui s'auto-suggestionne ? L'auto-suggestion n'est-elle pas, tout simplement, une forme à peine déguisée de l'hétéro-suggestion ? »

Cette objection nous a été faite maintes fois ;

nous-même, nous nous l'étions formulée dès l'origine. Voici ce que nous en pensons.

Oui, le fait est exact ; l'auto-suggestion implique une impulsion première venant d'autrui. Ce sont les données fournies par les auteurs que nous avons cités, celles que nous avons indiquées nous-même, qui se retrouveront désormais au fond de tout essai d'autothérapeutique morale. Tout cela est indéniable. Mais nous ajouterons : pareil raisonnement ne pourrait-il pas s'étendre à toutes nos idées ? Il n'en est pas une seule, à ce compte, qui nous soit réellement personnelle. Rien ne naît de rien ; la génération spontanée n'existe nulle part dans la nature — dans le monde des idées pas plus qu'ailleurs. Toutes, si l'on veut bien y réfléchir, ont à leur point de départ des impressions, des suggestions, reçues, quelques-unes des différents points de notre corps, la plupart du monde extérieur par les différents sens ; et il est deux de ces sens qui jouent un rôle particulièrement important à cet égard, en ce qu'ils nous apportent des idées déjà élaborées et complexes, le sens auditif qui nous transmet les idées des personnes qui nous entourent, celles de nos camarades, de nos maîtres ;— le sens visuel qui nous fait connaître les idées déposées dans les livres. Le plus grand nombre de ces idées ne sont soumises par nous à aucun contrôle ; acceptées telles qu'elles nous sont données, parfois même contradictoires entre elles, elles logent en nous comme des « hôtes de passage[1] », et peuvent à peine être considérées comme nôtres. Mais que notre réflexion s'attache à quelques-unes d'entre elles, qu'elle les corrige ou les étaye par de nouvelles observations, par d'autres idées accumulées en nous à titre de souvenirs, qu'elle leur fasse, en quelque sorte, prendre plus nettement conscience de leur vitalité en leur fournissant l'occasion de s'appliquer pratiquement. N'aurons-nous pas dès lors, avec des matériaux étrangers, édifié une œuvre nouvelle ? Les idées ainsi digérées par notre esprit, ainsi façonnées sur nos tendances propres, ne vont-elles pas faire partie intégrante et vivante de notre être moral, au même titre que les aliments, après le mystérieux travail d'asssimilation qui s'accomplit dans l'économie, font bien partie intégrante et vivante de notre corps ? Il en va de même pour l'auto-suggestion. L'idée première nous vient d'autrui ? Qu'importe, et ne devien-

1. Payot, *Educ. de la Vol.*

dra-t-elle pas nôtre, si nous lui fournissons, de notre fonds, les moyens de subsister et de se développer en résultats pratiques ?

On le voit ; nous pourrions reprendre contre nos adversaires leurs propres armes et riposter à notre tour : l'hétéro-suggestion n'agit en réalité que par l'intermédiaire de l'auto-suggestion. Une théorie trop simpliste considère le sujet suggestionné comme un instrument passif aux mains de celui qui le suggestionne, apte seulement à enregistrer et à exécuter mécaniquement les ordres qu'il plaît à ce dernier de lui imposer. Il n'en est rien. Le sujet qu'on suggestionne, à l'état de sommeil, comme à l'état de veille, conserve son individualité ; et pour que la suggestion donnée ait toutes chances de se réaliser, il faut qu'elle se conforme à sa manière propre de penser et de sentir. L'un obéira sans résistance aux suggestions exprimées sous la forme d'ordres impératifs. Un autre (ou le même à un autre moment) demandera à être pris doucement, surveillé, guidé plutôt que commandé, parfois même voudra se donner l'illusion qu'il fait lui-même sa guérison. Un troisième sera surtout accessible à la suggestion incarnée dans des pratiques matérielles (médicaments, frictions, aimant, transfert, etc.), et ainsi de suite. « Autant de cerveaux, autant d'aptitudes, autant de suggestibilités diverses à des impressions identiques[1]. » L'idée donnée par l'opérateur n'agit donc que par la conception que s'en forme le sujet, et c'est précisément dans ce travail d'adaptation entre la pensée du malade et la sienne propre, que résideront le tact et le savoir-faire du médecin suggestionneur.

Laissons donc ces discussions théoriques stériles, et cantonnons-nous dans le domaine des faits. Il existe une thérapeutique suggestive, susceptible de s'appliquer sous une double forme : soit sur les autres, soit sur nous-mêmes, voilà ce que nous enseigne l'expérience. Il faut nous y tenir, en ajoutant ces données de haute importance au point de vue pratique : toutes deux peuvent et doivent se prêter un mutuel appui. Où l'auto-suggestion se montrera insuffisante, l'hétéro-suggestion lui servira d'auxiliaire, au moins momentanée. Et réciproquement, l'auto-suggestion maintiendra et étendra les résultats obtenus par l'hétéro-suggestion.

Il est une accusation qui a été de tout temps

1. Bernheim, *ouv. cité.*

dirigée contre la thérapeutique suggestive, et qui, si elle était fondée, serait particulièrement grave. Elle se résume ainsi : « La suggestion que vous opérez, nous dit-on, même si elle paraît suivie de résultats heureux, est néfaste, car elle subordonne la volonté du sujet à votre volonté propre ; elle fait de celui-ci un simple automate que vous manœuvrez suivant votre bon plaisir. Peut-être le guérirez-vous, mais cette guérison ne sera-t-elle pas payée trop cher, si, pour l'obtenir vous êtes obligé d'attenter à tout ce qui constitue la raison d'être de l'homme, à sa personnalité même, à sa volonté, à son libre-arbitre ? »

Telle est l'accusation, et si souvent elle a été répétée, qu'elle est malheureusement passée, ou presque, au rang de ces vérités banalement admises, qu'on juge inutile de soumettre au moindre contrôle. Ajoutons que la défiance ainsi créée bénéficie encore de la confusion trop aisément établie entre les extravagances de l'hypnotisme expérimental et la simplicité de la suggestion thérapeutique ; et l'on comprendra sans peine que jusqu'aujourd'hui tant d'esprits restent rebelles aux bienfaits, pourtant si réels, de la psychothérapie. Or, cette accusation n'a pour elle que les apparences grossières : l'observation et le raisonnement s'accordent tous deux pour lui donner un formel démenti.

Quelque paradoxale que cette assertion puisse paraître, de prime abord, loin de subir un amoindrissement, la volonté se trouve accrue de par la suggestion. C'est là un fait qui nous a vivement frappés chez les sujets que nous avons traités par cette méthode. Beaucoup d'entre eux, une fois qu'ils ont été soumis pendant un certain temps à l'influence suggestive, sentent la possibilité d'agir sur eux-mêmes, et, sans qu'on leur en ait donné l'idée, s'essayent à pratiquer l'auto-suggestion. Qu'est-ce à dire, sinon qu'il s'est produit un renforcement du pouvoir volontaire ?

Et la théorie en fournit la démonstration. Tout acte de volonté comprend en effet deux phases : 1° l'idée de l'acte à accomplir ; 2° la réalisation de cette idée. Les individus chez lesquels la volonté est défaillante, les neurasthéniques, par exemple, ont la conception très nette de ce qu'ils doivent faire. Mais en eux-mêmes ils sentent quelque chose qui les retient ; ils ont la sensation d'un obstacle insurmontable, interposé entre l'idée et la mise à exécution de cette idée, obstacle dont ils s'étonnent eux-mêmes. L'acte le plus insignifiant, une lettre à écrire, une visite à rendre, un ordre à donner, leur devient tout un travail ; vingt fois ils s'y reprennent, et constamment pour aboutir au même insuccès. Que fait la suggestion ? Elle augmente, nous l'avons vu, le pouvoir idéoréflexe, c'est-à-dire le pouvoir de transformation de l'idée en acte. Le sujet suggestionné reconquiert donc peu à peu la possibilité de faire de ses idées des actes : la suggestion lui a réappris à vouloir [1].

Nous nous associons donc pleinement aux conclusions formulées par Valentin : « Quel meilleur moyen que la psychothérapie, de mesurer et d'accroître progressivement la part de responsabilité du malade, de le forcer à s'occuper et à vouloir ? A mesure que diminuent la désagrégation et la dépression mentales, on voit le

1. Le reproche dirigé contre la psychothérapie, de violer la liberté morale, s'adresserait, au reste, mieux encore, à l'éducation. Et cependant, qui songe à priver ses enfants des bienfaits de l'éducation ? Qui songe à s'en priver lui-même ? Car notre éducation au contact d'autrui se poursuit en réalité toute la vie. Le tout est de bien choisir ses maîtres et ses modèles. Inexpérimentés ou ignorants, nous souffrons qu'on remédie à notre inexpérience ou à notre ignorance. Malades, nous n'accepterions pas qu'on nous apprît à revenir à la santé ?

pouvoir de contrôle s'accroître, l'activité psychosensorielle et psychomotrice augmenter, l'équilibre fonctionnel des organes se relever. Enfin les faits obligent à constater que la suggestion constitue le moyen le plus sûr et le plus rationnel de fortifier les réactions psychiques des malades, de leur rendre par là tout ce que leur constitution comporte d'attention, de jugement, et de volonté ». Ces notions, il importe d'en pénétrer l'esprit des malades; il faut combattre les idées erronées qui entretiennent en eux la défiance et la crainte, leur montrer que, loin d'être compromise par la suggestion, leur personnalité se reconstitue plus vigoureuse, enfin leur enseigner à pratiquer sur eux-mêmes l'auto-suggestion. L'auto-suggestion deviendra ainsi le complément naturel et nécessaire de tout traitement psychique.

Tels sont les services que peuvent se rendre mutuellement les deux modes de thérapeutique suggestive. Mais ce n'est là qu'un côté de la question. En dehors de l'hétéro-suggestion ainsi disciplinée, faite de propos délibéré et dans un but bien déterminé par le médecin, il y a une suggestion — celle-ci spontanée et moins précise — qui s'exerce perpétuellement sur nous. Cette suggestion, c'est celle qui émane de notre entourage direct, de nos camarades, de toutes les personnes en un mot, avec lesquelles nous nous trouvons en relations, d'une façon accidentelle ou suivie. Nous sommes ainsi enveloppés d'une sorte d'atmosphère suggestive, que nous respirons constamment, et dont, sans y prendre garde, nous imprégnons tout notre être. Or, on peut dire sans exagération, que, pour la plupart, l'influence ainsi exercée est pernicieuse. S'il est une loi évidente, en effet, c'est que tout homme se trouve obligé d'agir suivant ses tendances naturelles, à moins que la raison n'intervienne pour y opposer son veto. Qu'en résulte-t-il? C'est qu'instinctivement nous cherchons à nous créer une société au sein de laquelle nos tendances puissent fleurir et s'épanouir à leur aise. Dès lors nos défauts s'exagèrent; nos qualités s'exagèrent, elles aussi, et risquent fort de devenir défauts à leur tour.

Ainsi le nerveux de volonté débile, le neurasthénique, fuit inconsciemment toutes les occasions d'exercer cette volonté, et par là, de lui donner la force qui lui manque. Il aime à s'entourer de nerveux comme lui, qui lui racontent, et en même temps lui suggèrent, toutes leurs misères propres. Il place, en un mot, sa neurasthénie dans le milieu de culture le plus propice qu'elle puisse souhaiter. — Voici, d'autre part, un individu très actif, l'esprit toujours en mouvement, toujours prêt à tenter de nouvelles entreprises. Cet individu, on le décore d'ailleurs volontiers du beau nom d'homme d'énergie et de volonté. En réalité, c'est, lui aussi, un nerveux, mais d'un type qui s'oppose nettement au précédent ; car chez lui, le nervosisme se traduit par l'aisance trop grande à passer de l'idée à l'acte. Celui-là évitera la compagnie des esprits calmes et posés qui pourraient tempérer sa fougue et lui apprendraient à réfléchir. Aussi, avec le temps, cette prédisposition native à l'impulsion ne fera que s'accroître. — Supposez encore un sujet de volonté ferme et suffisamment raisonnée ; tout au plus pourrait-on trouver par instants que cette volonté cherche un peu trop complaisamment l'occasion de se déployer. Que cet homme ne se surveille pas attentivement, d'instinct il se placera, lui aussi, dans des conditions telles que puissent s'exercer librement ses tendances dominatrices, à peine accusées encore, recherchant les caractères dociles, malléables, se gardant soigneusement des esprits un peu trop indépendants qui lui porteraient ombrage. Dès lors sa personnalité, son moi, ira toujours s'exagérant. Ce qui était volonté deviendra avec l'âge autoritarisme.

On pourrait dire, en renversant les termes du proverbe connu : « Sachant qui tu es, je te dirai qui tu hantes. » Il y a là un cercle vicieux. Quiconque se soucie de corriger et de perfectionner son esprit, de rendre sa volonté saine et forte, d'entretenir sa santé morale, et physique par contrecoup, doit s'attacher par-dessus toutes choses à surveiller et à régler à son profit cette action constante des autres sur lui-même : fuir la contagion des hommes qui ne peuvent que lui suggérer leurs propres faiblesses d'esprit et de corps, se rapprocher au contraire, même au prix de quelques sacrifices, d'un effort parfois pénible sur lui-même, de ceux dont le caractère, en contrariant le sien propre, pourra le rectifier et le compléter, de ceux qu'il sent capables de le soutenir et de l'inciter par la suggestion de l'exemple, de réchauffer son énergie, ou, au contraire, de lui servir de modérateurs.

Ce sont là règles de conduite générale ; mais les mêmes principes trouveront à s'appliquer, s'il s'agit de combattre quelque trouble momentané contre lequel nos forces livrées à elles-mêmes se trouvent insuffisantes. Alors il conviendra parfois de rechercher dans la société un asile contre nous-mêmes, de retremper notre énergie au contact de l'énergie d'autrui. Une fois cette énergie reconquise, emmagasinée en nous, il nous sera loisible de la « canaliser », de la diriger à notre gré sur tel ou tel point en souffrance, qu'il s'agisse de phénomènes moraux, tristesses, idées obsédantes, etc., ou de troubles physiques, douleurs, nausées, crampes, palpitations, angoisses, etc. [1].

A défaut même de leur présence, notre pensée peut se réconforter au seul souvenir de certaines personnes dont nous envions les qualités intellectuelles et morales, dont nous admirons la force de résistance, l'exubérance de vie, ou encore la sérénité de caractère, l'absolue tranquillité d'âme. — Nous-mêmes pouvons d'ailleurs pratiquer sur nous une sorte d'hétéro-suggestion; et cela, en inscrivant nos propres réflexions, cer-

1. On nous excusera de revenir souvent sur ce point, déjà bien établi, que la même médication s'applique aux phénomènes psychiques et physiques ; c'est que nous n'ignorons pas combien d'esprits ont de peine à se pénétrer de ces idées.

taines observations recueillies soit sur nous-mêmes, soit sur les autres. En relisant ce qu'autrefois nous avons pensé, en voyant comment, à d'autres époques, nous avons réussi à nous dominer, nos idées tendront à se rectifier, nous nous sentirons mieux armés contre nous-mêmes. Notre « moi » passé, en ce qu'il a de meilleur, façonnera ainsi à son image notre « moi » actuel. Je puis à cet égard citer mon expérience personnelle ; les notes que j'avais prises sur la thérapeutique auto-suggestive, ont souvent, au début, retrempé ma confiance dans cette méthode, en même temps qu'elles me rappelaient à nouveau, d'une façon plus précise et plus détaillée, la conduite que je devais tenir.

Enfin, même dans la solitude, il est des amis, des conseillers, des soutiens que nous gardons toujours à notre portée. « Le commerce des livres, dit Montaigne, est bien plus sûr, et bien plus à nous. Il a pour soi la constance et la facilité de son service. Cettuy-ci cotloye tout mon cours ; il émousse les pointures de la douleur, si elle n'est du tout extrême et maitresse. Pour distraire d'une imagination importune, il n'est que de recourir aux livres. C'est la meilleure munition que j'aye trouvé en cet humain voyage. »

Livres d'études, livres qui intéressent ou distraient, les uns ou les autres seront utilement mis à contribution suivant les moments. Mais surtout, nous aurons soin d'avoir toujours près de nous quelques-uns de ces livres de philosophie sereine et pratique, où les grands penseurs de tous les temps nous ont légué le meilleur fruit de leur réflexion et de leur expérience, de ces livres qu'il suffira d'ouvrir presque au hasard, pour découvrir entre l'auteur et nous une certaine communauté de pensées, pour nous sentir tout de suite mieux éclairés et plus forts sur nous-mêmes. Notre esprit, ayant repris à ce contact le ressort qui lui manquait, pourra dès lors se donner des suggestions avec plus de succès.

Résumons-nous. L'auto-suggestion peut trouver et doit chercher dans l'hétéro-suggestion un point d'appui constant. Au besoin elle peut et doit demander une aide provisoire à la thérapeutique suggestive, forme la plus parfaite de la suggestion par autrui, et d'une efficacité de beaucoup supérieure à celle de l'auto-suggestion. Auto- et hétéro-suggestion sont d'ailleurs reliées l'une à l'autre par les liens les plus étroits, et la ligne de démarcation entre elles est assurément bien difficile à tracer.

Ces données suffisent au point de vue de l'application pratique. Mais pourquoi cette union si intime des deux modes de suggestion ? Pourquoi une formule si simple enferme-t-elle en elle-même une si réelle puissance ? Voilà la question qu'il nous faut maintenant résoudre.

Supposez un individu momentanément affaissé de corps et d'esprit, sous le poids d'une mauvaise nouvelle, de préoccupations, de malaises physiques. Que fait-il instinctivement ? Tantôt il exerce sur lui-même un violent effort ; il se dit et se répète vigoureusement, parfois même à voix haute pour mieux se marquer ses volontés, qu'il ne veut pas se laisser abattre, qu'il doit se secouer, se remonter; et aussitôt, fait curieux qui montre une fois de plus le parallélisme constant des phénomènes du corps et de l'esprit, cette suggestion qu'il se donne ainsi se traduit simultanément, et par le relèvement de l'état moral, et par le redressement de la tête et de tout le corps. D'autres fois, il recherche la solitude, le silence, l'obscurité, espérant que le calme ainsi obtenu permettra à l'esprit de se reprendre, de *se recueillir*, c'est-à-dire d'opérer sa réaction naturelle, en rassemblant doucement, sans secousses, toutes ses forces contre les idées, les sensations qui l'importunaient [1]. En somme, dans ces deux cas, il fait spontanément de l'auto-suggestion : active dans le premier, méditative dans le second, et cette auto-suggestion s'exprime, de part et d'autre, par un mécanisme identique : la concentration du sujet sur une pensée unique. Mais, que cette réaction personnelle ne suffise pas : alors il cherche refuge auprès d'autrui ; il se confie à un ami, dans l'espoir que celui-ci le réconfortera. Bien mieux, il va parfois jusqu'à indiquer les raisonnements qu'il convient de lui tenir, et ces mêmes raisonnements qui, tout à l'heure, venant de son propre fonds, le laissaient à peu près indifférent, réussissent maintenant à porter la conviction dans son esprit. L'auto-suggestion restait impuissante : elle a invoqué l'aide de l'hétéro-suggestion.

Voilà le fait banal, connu de tous. Qu'on le remarque maintenant. Ce besoin d'une suggestion étrangère, on le retrouve à chaque pas dans la vie. L'enfant qui vient de tomber, et se répand en larmes et en cris, s'arrête tout à coup, si sa

1. Telle est bien, en effet, la signification étymologique du mot « recueillement ».

mère, frictionnant doucement la région blessée, lui affirme que ce n'est rien. Or tous, tant que nous sommes, dès que le mal nous atteint, ne redevenons-nous pas plus ou moins enfants ? A qui n'est-il pas arrivé, souffrant ou inquiet, de se sentir soudainement soulagé par la pression d'une main amie sur son front, et ne semble-t-il pas parfois, que si ce contact était prolongé, le mal cesserait tout à fait ? Le médecin le plus sceptique sur la thérapeutique, ne se laisse-t-il pas volontiers, une fois malade, soigner et médicamenter à son tour? N'est-ce pas enfin ce même besoin inné, qui pousse les hommes les plus intelligents à consulter des empiriques, des rebouteurs ? Et le plus singulier est qu'ils en reçoivent souvent un soulagement, dont ils rougissent presque. Ils guérissent, et leur raison se refuse à constater la guérison. Comment, en effet, pourrait-elle résulter de pratiques dont ils ont eux-mêmes cent fois proclamé l'absurdité?

Et qu'on n'oppose pas l'exemple de quelques esprits forts qui se flattent de pouvoir toujours se suffire à eux-mêmes. Viennent quelques épreuves, vienne la maladie ; sous leurs coups, les caractères les plus fermés ne tardent pas à s'entr'ouvrir pour épancher en autrui leurs misères et leurs souffrances ; les courages les mieux trempés, après une résistance plus ou moins longue, cèdent, cherchent à leur tour une parole qui console et qui fortifie. N'a-t-on pas la preuve la plus éclatante de cette nécessité que nous impose notre nature même, dans ce fait que ce sont précisément les esprits les plus autoritaires qui s'attachent, tout les premiers, à instituer au-dessus d'eux une direction, une suggestion constante : tel le prince de Bismarck, dans les circonstances les plus pressantes de sa vie politique, requérant et suivant les conseils de son médecin avec la plus parfaite docilité.

Nous nous bornerons à ces faits, entre bien d'autres, et nous conclurons : ce qui donne à la thérapeutique suggestive sa valeur et sa force, c'est qu'elle a ses assises dans les lois inscrites en nous de toute éternité. C'est qu'elle ne fait qu'attirer à la pleine lumière de la conscience les tendances les plus intimes et les plus puissantes qui animent notre être. C'est enfin qu'elle utilise ainsi, au profit et sous le contrôle de ce qu'il y a de plus noble en nous, je veux dire de l'intelligence et de la raison, ces forces qui s'ignoraient elles-mêmes. La thérapeutique auto-suggestive, c'est la régularisation consciente et intelligente de cette tendance à réagir qui fait le fond de chacun de nous, et qu'on nomme l'amour de l'être, « l'effort pour persévérer dans l'être[1] », autrement dit l'esprit de conservation. La thérapeutique suggestive par autrui est la manifestation d'une tendance plus large : l'individu se souvient qu'il est membre d'une collectivité ; il réagit, cette fois, au nom de celle-ci et par celle-ci. La première est le témoignage de l'étroite solidarité des différentes parties de notre être ; la seconde, de la solidarité entre l'homme et les autres hommes.

1. Spinoza.

CHAPITRE VII

L'HYGIÈNE MORALE

Si chacune de nos pensées, de nos sensations, chacun de nos sentiments, de nos mouvements, de nos actes, n'était qu'un fait passager, simple réponse de l'organisme à une sollicitation extérieure, disparaissant avec la cause même qui l'a provoqué, la vie ne serait qu'un perpétuel recommencement ; ou, pour mieux dire, à peine seraitelle possible, l'homme restant aussi ignorant de toutes choses, aussi inhabile à se conduire qu'il l'est au jour même de sa naissance. En réalité, il n'est pas un seul phénomène produit ou subi par nous qui meure tout entier. Tout fait physique ou psychique, si léger qu'il soit, nous marque de son empreinte, dépose en nous un résidu. Ce résidu, c'est une tendance à revivre désormais sous une excitation moindre. C'est, en somme, déjà constitué par ce premier fait, un commencement d'*habitude*. — Le même fait vient-il à se répéter? La tendance à la réviviscence s'accentue. Mais, en même temps, et par une conséquence toute naturelle, nécessitant, pour se produire, un effort, une somme d'attention moindre, le phénomène perd de son relief, il s'obscurcit progressivement dans la conscience. — Enfin, au degré le plus élevé, l'habitude s'affermit, s'enracine si profondément dans l'individu que désormais elle fait, à son insu, corps avec lui-même. Non seulement l'acte tend à se produire spontanément, mais tandis que jusque-là il fallait un effort pour le faire, maintenant il faudrait faire effort pour en empêcher la production. L'habitude est devenue un *besoin* qui veut absolument se satisfaire, une sorte d'instinct, inconscient et impérieux, à la façon des instincts déposés en nous par l'hérédité.

C'est grâce à l'habitude que les phénomènes de conscience, une fois produits, demeurent emmagasinés en nous, ignorés de nous-mêmes, mais prêts à revivre sous l'influence d'une circonstance favorable, d'un plus puissant effort d'attention, pour fournir à l'intelligence les matériaux qu'elle disposera, combinera, élaborera à sa guise. La mémoire, cette condition fondamentale du progrès intellectuel, n'est donc qu'un cas particulier de l'habitude. C'est grâce à elle, encore, que les muscles parviennent peu à peu, par l'exercice, à associer harmonieusement leurs contractions. Ainsi le pianiste qui sait un morceau par cœur, le joue sans même avoir conscience des mouvements qu'il exécute : bien mieux, l'intervention de la volonté ne pourrait que troubler le jeu automatique des doigts sur l'instrument. De même la marche, l'escrime, la natation, etc., deviennent autant d'habitudes acquises par nos organes [1] et tendent progressivement du conscient vers l'inconscient. Limitons-nous à ces quelques exemples d'habitudes physiologiques. Voici maintenant des faits d'habitudes pathologiques ou morbides.

Le sujet qui résiste aux premières nausées produites par le tabac, crée en lui l'habitude de fumer. Dès lors, aux sensations pénibles d'abord éprouvées, il substitue peu à peu une jouissance, effet, non du tabac, mais de la satisfaction donnée à l'habitude créée. Plus tard l'habitude devient besoin de fumer, sorte de tic d'où tout

1. Ou, plus exactement, par les centres nerveux qui les commandent, et primitivement par le cerveau.

plaisir est banni ; tout au moins ce plaisir, inconscient dans la possession, ne devient-il conscient, et cruellement conscient, que s'il y a privation. De même le plaisir du buveur s'émousse de plus en plus ; mais le besoin de boire s'accentue sans cesse : le goût pour la boisson est devenu dipsomanie. Le morphinomane passe par les mêmes phases ; il s'est d'abord piqué par nécessité, puis par plaisir. Bientôt le plaisir même n'existe plus, mais le besoin de morphine n'en devient que plus vif et plus exigeant.

De même, enfin, il est une foule de manifestations morbides qui s'expliquent tout naturellement à la lumière de cette théorie, si on en comprend bien toute la généralité. Soient des palpitations, soit une syncope, une crampe d'estomac, une crise de diarrhée, un tic, un tremblement, un spasme, etc. Ces phénomènes sont survenus sous l'influence d'une secousse morale ou physique violente. Ultérieurement, il suffira, pour les faire réapparaître, d'émotions progressivement moindres. Enfin la production en deviendra tellement aisée qu'ils sembleront naître d'eux-mêmes, la cause provocatrice devenant si faible qu'elle n'est même plus perçue. Qu'on y réfléchisse quelque peu : n'est-ce pas là, condensée en peu de lignes, l'histoire de la plupart des troubles nerveux ?

Telle est la grande loi qui commande tout notre être et gouverne toute notre vie. Les habitudes physiques ou psychiques[1], bonnes ou mauvaises, ainsi contractées, viennent en quelque sorte se déposer sur le fond héréditaire, et de cette superposition des habitudes acquises aux habitudes transmises par l'hérédité résulte la manière d'être de notre corps et de notre esprit : *tempérament* physique, *caractère* moral.

Eh bien ! nous allons voir maintenant la thérapeutique auto-suggestive se conformer, elle aussi, à cette loi. Mais en lui obéissant, elle va en réalité se l'approprier pour la faire servir à ses fins, pour substituer aux habitudes créées, trop sou-

1. Entre ces deux modes d'habitude, il n'y a pas, faut-il le répéter encore, de différence de nature. Habitude psychique est synonyme d'habitude cérébrale. Inversement, toute habitude physiologique est susceptible d'une interprétation psychique. N'y a-t-il pas autant — et plus — d'intelligence dans la régularisation des battements du cœur, des mouvements respiratoires, des contractions de l'intestin, etc., que dans les opérations intellectuelles conscientes les plus complexes ? Bien mieux, ne semble-t-il pas, de par la loi même de l'habitude, que ce qu'il y a d'inconscient en nous soit précisément ce qui est suprêmement intelligent, ce qui n'a plus besoin d'être conscient ?

vent à notre détriment, par l'auto-suggestion inconsciente, irraisonnée, des habitudes choisies, donc jugées profitables par l'intelligence, et qu'affermira en nous l'auto-suggestion raisonnée et consciente. A mesure qu'on répète sur soi la suggestion, voici, en effet, ce qu'on observe. Une première suggestion est pénible à énoncer, d'exécution difficile ; car elle va à l'encontre de toutes nos habitudes actuelles de sentir, de penser, et d'agir. Bientôt cependant nous sommes tout étonnés de voir l'idée qu'elle enferme nous devenir plus familière, sa réalisation plus aisée, et, du même coup, le trouble qu'elle est destinée à combattre perdre progressivement de son importance. Un pas de plus : l'habitude curatrice balance, puis supplante l'habitude morbide. Dès lors nous avons fixé notre conquête ; le redressement continuellement opéré est devenu rectitude naturelle et définitive. Désormais le travail d'auto-suggestion se fera de lui-même à notre insu. Qu'il y ait retour offensif du phénomène morbide, notre esprit s'efforcera instinctivement de l'écarter, dès son apparition, avant même qu'il ait pu s'insinuer en lui. La conséquence, on la voit clairement : la somme d'énergie que nous dépensions de ce côté, va dès lors devenir, en quelque sorte, disponible entre nos mains pour des efforts nouveaux et supérieurs.

La fixation dans notre organisme, par suggestion, de saines habitudes physiques et psychiques, telle est la définition de l'hygiène morale, considérée surtout dans son mode d'action. Si dans la thérapeutique morale, dirigée contre des troubles isolés, l'hétéro-suggestion offre une incomparable supériorité, l'hygiène morale, en revanche, relève surtout du domaine de l'auto-suggestion. Celle-ci, en effet, demeure en tous temps, en tous lieux, à notre portée, comme un confident et un soutien ; elle a en outre, pour elle, ce grand avantage de nous relever à nos propres yeux, en nous forçant à pénétrer plus intimement en nous, en nous faisant prendre chaque jour plus nettement conscience de notre pouvoir sur nous-mêmes. Nous ajouterons ceci : l'auto-thérapeutique morale, déjà beaucoup plus puissante d'emblée, à coup sûr, qu'on ne serait tenté de l'imaginer, peut, elle aussi, aspirer aux plus sérieux résultats, mais à une condition : c'est de s'appuyer sur une pratique constante, autrement dit, de prendre pour base l'hygiène morale.

Considérée dans son but, l'hygiène morale peut se définir : l'art d'assurer la santé du corps et de l'esprit par la stricte et assidue observation des règles qui ont été étudiées. Son rôle est de conserver et de préserver : d'une part maintenir intacte, augmenter même la puissance de réaction de l'organisme; de l'autre, s'efforcer, par une surveillance attentive, d'écarter, dès qu'elle apparaît, toute cause capable de lui porter atteinte. Charcot a fait cette remarque fort juste sur l'évolution des phénomènes hystériques et neurasthéniques : la plupart des malades, disait-il, se rappellent un moment où ils ont été, pour ainsi dire, hésitants, oscillants, entre l'état de santé et de maladie, où ils ont senti qu'il dépendait d'eux de se reprendre, de faire, par un effort de volonté, pencher la balance du côté favorable. Cet effort, ils n'ont malheureusement pas su le donner en temps utile, et, dès lors ils se sont trouvés toujours plus inéluctablement entraînés. Cette observation est, en réalité, de portée générale. En médecine morale, ces deux anciens préceptes gardent toute leur justesse d'application : Prévenir plutôt que guérir ; — si le mal survient, l'extirper dès sa naissance (*obstare principiis*).

Nous insistons sur ce point : l'hygiène morale est l'hygiène *par* l'esprit, et ne se préoccupe pas moins du corps que de l'esprit. Elle doit donc se doubler d'une hygiène corporelle soigneusement établie. Il faut nous garder également de ces deux périls : nous attacher avec trop d'ardeur au développement de la force du corps ; nous complaire trop exclusivement dans la pensée pure. Ces réflexions, banales peut-être, ne paraissent cependant pas inutiles à notre époque, où, sous l'influence d'une admiration irréfléchie pour toute méthode d'importation étrangère, on se laisse aller trop facilement à un exclusivisme dangereux. Pendant de longues années, on s'est attaché, non pas même à former, mais à meubler l'intelligence. La réaction contre le surmenage intellectuel entraîne maintenant au surmenage physique. C'était, jusqu'à présent, l'engouement pour le « maître d'école allemand ». La vogue est aujourd'hui à l'athlétisme anglo-saxon. Pour nous, s'il nous fallait à tout prix choisir un idéal, nous irions bien plutôt le demander à la Grèce antique qui ne séparait pas la beauté et la santé physiques de la beauté et de la santé intellectuelles et surtout morales. Son admiration allait à l'homme à la fois beau et bon καλὸς κἀγαθός, c'est-à-dire parfaitement sain et robuste de corps et d'esprit. Quelque idée qu'on nourrisse sur leur nature réelle, corps et esprit inséparablement fusionnés pour constituer notre personnalité, sont, de ce chef, tous deux dignes de nos soins et de notre respect. Non pas à titre égal, assurément, et une réserve s'impose. Car chez l'homme qui ne présente pas de tares, l'exercice nécessité par les occupations journalières, joint à quelques précautions hygiéniques simples, reste amplement suffisant. La bonne direction imprimée à la pensée demeure le principal souci. A elle seule, et par l'influence ainsi exercée sur tout l'organisme, elle saura entretenir et développer du même coup et la robustesse morale et la robustesse physique.

Esquissons maintenant, à grands traits, la conception que nous nous formons de l'hygiène morale. Il s'agit, on va le voir, d'une extension des principes de la thérapeutique morale, c'est-à-dire des lois de la suggestion, à tout notre être, à notre existence tout entière.

1° — En premier lieu, nous attacher à bien nous examiner, à bien nous connaître, nous former une représentation aussi claire et aussi loyale que possible de nos forces et de nos faiblesses, de nos qualités et de nos imperfections physiques et morales :

Connaître notre état physique. Beaucoup des troubles qui s'élèvent en nous se révèlent d'eux-mêmes par des sensations douloureuses ou pénibles. Mais ces notions superficielles que tout homme peut acquérir sur lui-même, appelleront ordinairement pour complément nécessaire l'examen du médecin qui seul, dans la plupart des cas, pourra démêler si ces sensations correspondent ou non à une lésion, se rendre compte de l'état des organes, signaler les points faibles, indiquer ce qui est ou non susceptible d'une médication psychique, formuler l'hygiène à suivre pour enrayer, dans la mesure du possible, les prédispositions fâcheuses.

Bien connaître son état moral est peut-être plus important encore, et c'est ici surtout que, pour guérir, la condition première est de se savoir malade. Chercher à voir clair dans ses passions, n'est-ce pas déjà leur faire perdre une grande partie de leur violence ? De même, une douleur, un malaise physique seront souvent vainement combattus, si l'on se cache, parfois à demi volontairement, la cause morale qui les a provoqués.

La tâche est délicate assurément et ne sera pas l'œuvre d'un jour. Mais, à vrai dire, en est-il une plus importante, plus digne de notre attention et de nos soins ? Et n'est-il pas étrange que ce que la plupart des hommes se soucient le moins de connaître, ce soit eux-mêmes ? Qu'on n'aille pas d'autre part s'imaginer que pour la mener à bien, il soit nécessaire d'être initié à toutes les finesses de la psychologie. Les plus grands philosophes ne sont pas ceux qui ont approfondi toutes les subtilités de la métaphysique. De même beaucoup de gens sont fort bons psychologues pratiques, qui n'ont jamais ouvert un livre de psychologie. Tout sujet peut, croyons-nous, parvenir à une connaissance suffisamment exacte et complète de lui-même, s'il veut bien faire porter sur lui à tout instant une observation modeste mais assidue, si surtout il consent à s'examiner en toute franchise, et à se dire bien sincèrement tout le bien et tout le mal qu'il doit penser de lui-même.

Mais, si loin qu'il soit poussé, ce travail d'analyse personnelle, à lui seul, reste forcément incomplet. Nos défauts, en effet, s'identifient souvent si profondément avec nous qu'ils deviennent invisibles à nos yeux ; nous les ignorons nous-mêmes. Aussi, loin de nous irriter de l'opinion des autres sur nous, devons-nous la solliciter, puis l'examiner avec le plus d'impartialité possible pour en tirer l'enseignement et le profit qu'elle comporte. Ici encore, qu'on nous excuse d'y revenir, le rôle du médecin, s'il sait être, en même temps que médecin, psychologue, nous apparait d'une importance toute particulière. Mieux que tout autre, il aura qualité pour nous mettre en garde contre l'influence pernicieuse de certaines tendances d'esprit. Il saura dépister telle névrose au début, établir une relation trop souvent ignorée de la personne elle-même, entre les troubles de l'esprit, ennuis, préoccupations, surmenage, etc., et les désordres physiques, parfois localisés si nettement, sur un point si éloigné, et avec une intensité si grande, que le soupçon d'une cause morale, d'ailleurs effacée, dans bien des cas, depuis fort longtemps, ne vient que malaisément à la pensée.

2° — A mesure que nous nous connaîtrons plus intimement, de *ce que nous sommes*, se dégagera peu à peu, sans efforts, la notion de *ce que nous pouvons être*, de ce que nous devons nous efforcer d'être. Ainsi se dessinera de lui-même dans notre esprit le « type » moral et physique qui doit nous servir de modèle. Ainsi nous sentirons s'élever progressivement en nous la conception d'un « moi » idéal, débarrassé de nos imperfections physiques et morales, sain, robuste, orné de toutes les qualités de corps, de cœur et d'esprit, que nous désirons voir briller en nous. Cette conception, nous saurons la rendre plus concrète, plus vivante, en l'incarnant dans telle personne connue de nous, mieux encore en en faisant, en quelque sorte, une synthèse de tout ce qu'autour de nous nous aurons observé de meilleur.

3° — Cette conception générale que nous voulons réaliser en nous, d'abord confuse, puis par degrés plus précise dans ses détails et dans ses contours, sera comme le point lumineux vers lequel s'orientera tout notre être et toute notre vie, malgré les obstacles que les hommes, les événements, les passions, les maladies, pourront susciter autour de nous et en nous-mêmes. Arrêtés temporairement, nous reprendrons notre route, avec la satisfaction de l'épreuve subie, soutenus par la contemplation du but à atteindre; notre existence tout entière sera ainsi dominée par une sorte de suggestion constante, planant au-dessus d'elle et l'attirant vers elle, qui règlera à chaque instant nos idées, nos jugements, notre manière de sentir, — enfin nos décisions, nos résolutions, nos actes.

C'est ici le dernier stade de l'hygiène morale,

au moins dans la description, qui est obligée de séparer artificiellement ce qui, dans la réalité des faits, reste intimement confondu. De ce que nous sommes, de ce que nous devons être, va se dégager simultanément la conception de *ce que nous pouvons faire*. Nos modestes observations journalières, mais incessamment répétées, se condenseront peu à peu d'elles-mêmes en formules toujours plus claires et plus impératives, qui résumeront les *principes directeurs* de notre conduite.

Ainsi notre pensée, notre vie intérieure modèlera à son image notre vie extérieure d'homme d'action. Ainsi nous apparaîtra, progressivement plus distinct, le but vers lequel doit et peut légitimement tendre l'effort de notre existence tout entière, but assez élevé pour qu'il nécessite le concours de toutes nos aptitudes et de toutes nos forces, non pas si malaisé à atteindre, cependant, qu'il risque d'être pour nous, dans l'avenir, une cause de déceptions et de regrets. Dès lors nos indispositions, nos maladies mêmes, les échecs subis, les épreuves auxquelles tous nous devons nous attendre, si cruelles et si imprévues qu'elles soient, cesseront de nous ébranler aussi profondément : ce seront autant d'incidents, pénibles certes, qui n'altéreront point cependant l'harmonie de l'ensemble. Dès lors, tous nos actes, les plus minimes comme les plus importants, prendront à nos yeux une signification toute différente : car ils ne nous apparaîtront plus isolés de ceux qui les précèdent ou les suivent, mais comme la réalisation logique, le déroulement naturel d'un plan de conduite générale, conçu et arrêté par nous en pleine conscience.

Tel est le programme à remplir. Sans doute, il ne faut pas compter sur sa réalisation immédiate, ni même rapide et aisée. Mais on ne doit pas non plus s'exagérer les difficultés de la tâche. Le tout est de bien les envisager en face, et de chercher résolûment à quelles conditions elles peuvent être vaincues. Or, ce que demande une pareille œuvre, ce ne sont pas surtout de puissants efforts, des actions d'éclat, des à-coups d'énergie échelonnés à longs intervalles; c'est une tension modérée, mais soutenue, en même temps qu'une stratégie habile et savamment renouvelée. Il faut ainsi que chaque jour, chaque heure, chaque instant deviennent pour nous l'occasion de victoires partielles, qui ne seront insignifiantes qu'en apparence; car elles déposeront en nous, lentement, mais sûrement, l'habitude de triompher de nous-mêmes, avec la conscience toujours accrue de notre force. Ici comme ailleurs, les forts seront les patients, ceux qui sauront comprendre la nécessité d'entourer d'une vigilance continuelle leur œuvre toujours fragile et mal affermie, toujours incomplète aussi : car l'homme se modifiant sans cesse, il lui reste toujours quelque progrès nouveau à accomplir sur lui-même, quelque correction de détail à apporter à sa ligne de conduite.

Ainsi tout sujet qui aspire à discipliner sa vie suivant les règles de l'hygiène morale, à réaliser en lui, plus ou moins parfaitement, le plan idéal qui vient d'être tracé, doit se pénétrer d'avance de cette idée, qu'il ne s'y acheminera que degré par degré, étape par étape. Mais cette constatation ne doit pas le décourager ; et même c'est précisément le sentiment du perfectionnement continuel obtenu qui lui fera trouver dans l'œuvre entreprise son plaisir, son charme tout particulier, et lui infusera la force nécessaire pour la poursuivre. Et c'est ainsi que peu à peu, de la répétition même des suggestions journalières, naîtra d'elle-même la conception — et, avec elle, la mise en pratique — graduellement plus parfaite, de ce plan idéal de suggestion constante et générale. C'est le détail de cette évolution que nous essaierons maintenant de préciser.

1° — D'abord, et quoi qu'il fasse, les habitudes antérieures restent prédominantes ; le sujet se laisse le plus souvent entraîner par la poussée des événements extérieurs, de ses pensées propres, de ses impressions, de ses passions. Par instants, cependant, il lui arrive de s'observer lui-même, il songe à pratiquer l'auto-suggestion. Les premiers résultats obtenus éveillent déjà son attention, lui inspirent quelque confiance. Mais le plus habituellement, même en présence de phénomènes parfaitement curables par la suggestion, il *ne pense même pas* à y recourir.

Or, c'est là le point essentiel : il faut que le sujet s'habitue à penser à l'auto-suggestion. Cette tâche lui sera facilitée par l'observation rigoureuse de la règle suivante, règle capitale de l'hygiène morale : Dès le premier jour, pratiquer très régulièrement deux auto-suggestions, l'une, le matin, au réveil, l'autre, le soir, au moment de s'endormir. Ces deux suggestions serviront, en quelque sorte, de point de repère ; elles ne seront négligées sous aucun prétexte, qu'on en sente ou non la nécessité, quelque hâte qu'on ait de se lever ou de se livrer au sommeil. Et ce sera déjà un excellent exercice de volonté que cette violence régulièrement faite à notre paresse naturelle, que cet arrêt imposé par nous à toutes autres pensées, à toutes autres préoccupations. On procèdera tout d'abord à une sorte d'« examen de conscience » physique et morale, critique de la journée passée, préparation de la journée à venir, récapitulation des modifications que l'on désire apporter à sa manière d'être présente, des qualités que l'on veut implanter en soi, maintenir ou développer. Puis viendra l'auto-suggestion proprement dite : celle-ci sera faite sous la forme du recueillement, en s'appliquant très soigneusement à se conformer aux règles indiquées. Elle sera, autant que possible, continuée jusqu'à ce que les paroles prononcées le soient en toute sincérité, autrement dit, aient complètement éveillé les idées correspondantes. Mais lors même que la pensée semble être restée, ou à peu près, indifférente, ne croyons pas avoir fait œuvre inutile. Les suggestions faites, à l'insu même du sujet, auront marqué l'esprit de leur empreinte plus ou moins profonde. Si imparfaites qu'elles aient semblé de prime abord, peut-être s'apercevra-t-on un peu plus tard (le cas est extrêmement fréquent), qu'elles n'en ont pas moins atteint leur but [1]. De toute façon, on peut être assuré qu'elles nous en auront quelque peu rapproché, et qu'elles auront par avance imprimé une efficacité plus grande aux suggestions ultérieures.

Ces auto-suggestions, ces retours sur soi-même, avec ou sans recueillement, seront répétés fréquemment dans le courant de la journée. Qu'on ne s'imagine pas qu'il y faille dépenser beaucoup de temps. On peut se suggestionner à tout instant, en tous lieux; on s'accoutumera à y consacrer les moments trop fréquents employés à laisser errer la pensée à l'aventure, à rêver, à « ne penser à rien ». Ce seront de courts entr'actes, temps d'arrêts réservés à la pensée pure, dans le cours de nos occupations journalières.

Celles-ci, en revanche, nous permettront de compléter notre éducation auto-suggestive. Car elles nous fourniront l'occasion, sans cesse renouvelée, de donner à nos pensées leur traduction rapide en actes, et réciproquement, d'agir par les actes sur la pensée. Nous nous habituerons ainsi à mettre en œuvre la seconde méthode

1. Cf. Chapitre IV.

d'action sur nous-mêmes, à faire de l'auto-suggestion active ou gymnastique psychique.

2° — L'habitude de se suggestionner s'affermit peu à peu. Les échecs mêmes deviennent pour le sujet un enseignement; car ils lui prouvent la nécessité de bien imprégner son esprit des procédés divers, qui lui permettent de varier ou de renforcer l'action de l'auto-suggestion. Il devient ainsi plus expert dans l'art de se suggestionner. Il se laisse moins aisément subjuguer par ses sensations, par ses passions; il s'apprend même à s'en faire parfois des auxiliaires précieux. Plus encore, il étudie l'influence des autres sur lui-même, et s'applique à se rendre favorable. Toute une série de gradations insensibles — que chacun peut imaginer — l'amèneront ainsi à la troisième période.

3° — La pensée de se conformer aux règles de l'hygiène morale, en d'autres termes le souci de son perfectionnement moral et physique, le désir de diriger sa vie suivant un plan concerté et vers son but rationnel, s'est définitivement emparée de l'esprit; elle y règne désormais en souveraine maîtresse. Cette pensée peut, à vrai dire, s'obscurcir par instants, parfois être ébranlée par quelque secousse plus sérieuse. Même alors, elle ne s'efface jamais complètement : elle persiste au plus profond de notre être, prête à reprendre, une fois l'orage apaisé, sa place au premier plan.

Chez le sujet parvenu à ce degré de perfection, toutes les pensées, toutes les sensations, émotions, décisions, actions, se trouveront, dès leur naissance, nécessairement soumises à une sorte de contrôle instinctif qui approuvera ou blâmera, encouragera ou retiendra. Tout phénomène produit ou subi, en même temps qu'il répondra à la nécessité présente, sera comme une satisfaction donnée à l'intelligence directrice, et, par là même, lui fournira un supplément de puissance. En un mot, en dehors des courts instants qui resteront, comme précédemment, assignés à l'auto-suggestion consciente, l'habitude de l'auto-suggestion demeurera toujours présente en nous comme un besoin, une tendance naturelle, qui régira tous les moments de notre vie, qui l'extraira, pour ainsi dire, de plus en plus aisément de la conception idéale que nous nous serons proposée pour modèle, si bien que chaque jour l'identification entre elle et nous deviendra plus intime et plus parfaite.

On le voit : l'hygiène morale ainsi comprise aboutit en somme à une philosophie pratique de la vie; elle devient l'art de discipliner notre esprit, notre corps, notre existence tout entière, sous les lois de l'intelligence et de la raison. A l'intelligence, que son fonctionnement incessant développera, élargira de plus en plus, de discerner ce qui est bon ou mauvais, ce qu'il nous faut vouloir ou éviter. Ces désirs ainsi formulés par l'intelligence, la suggestion, assidûment pratiquée, s'efforce d'en faire des réalités. Certes, à bien des personnes, nous le savons d'avance, rien au monde ne semble plus inutile que de méditer sur elles-mêmes et de se former une règle de vie. Le grand mot de philosophie les fait dédaigneusement sourire. A ces esprits si pleins de confiance en eux-mêmes, faisons remarquer qu'eux aussi, sans s'en rendre compte, ont une philosophie. Ne pas avoir de philosophie, en effet, n'est-ce pas encore en avoir une, et la pire de toutes, puisque, ne nous fixant aucun but, elle fait de nous le jouet inconscient des événements extérieurs et de nos impulsions propres, heureux, si le hasard en décide ainsi, trop souvent, à coup sûr, destinés à d'amères désillusions?

Nous prévoyons cependant encore une objection. « La conception que vous venez de tracer.

« nous dira-t-on, en habituant l'homme à réflé-
« chir sans cesse sur lui-même, ne risque-t-elle
« pas de faire de lui exclusivement un méditatif,
« d'énerver en lui la tendance à l'action ». Raisonner ainsi, c'est, il nous semble, se laisser égarer par la puissance des mots; c'est ne pas séparer suffisamment l'action de l'agitation désordonnée et souvent stérile. Les deux modes de suggestion, compléments et correctifs obligés l'un de l'autre, visent à faire de nous à la fois des hommes de pensée et des hommes d'action, mais d'action consciente et raisonnée. L'idéal qu'ils poursuivent par leur association constante, c'est de faire de toute pensée un acte, et de tout acte une pensée. L'essentiel, à coup sûr, n'est pas d'agir beaucoup, mais d'agir bien. Et d'un autre côté, réfléchir avant d'agir, c'est-à-dire préparer l'action, la rendre dès lors plus prompte et plus aisée, n'est-ce pas, en somme, commencer à agir? Tout ce livre n'est, du reste, que la confirmation de cette donnée. Nous sommes actifs, dirons-nous, chaque fois que nous proposons à notre pensée un but précis. A ce titre, dormir même, c'est agir, si l'on s'endort, non pas malgré soi, à son insu, lâchement vaincu par la fatigue, mais librement consentant, et avec la

claire conscience du repos que l'on va prendre, et qui nous rendra la force nécessaire pour nous remettre à notre tâche.

Ici se termine l'exposé des principes de la thérapeutique et de l'hygiène morales. Nous n'avons fait qu'en tracer l'esquisse générale, le canevas. Mais sur ce canevas chacun saura aisément, suivant son tempérament propre, broder ses variations personnelles. Dans la thérapeutique suggestive courante, nous l'avons dit déjà [1], le médecin doit s'étudier très attentivement à adapter à l'individualité de son malade son individualité propre. En matière de thérapeutique auto-suggestive, où le sujet devient lui-même son médecin, cette considération garde toute sa valeur. Chez l'un, l'énergie sera plutôt de mise; l'autre (ou le même à un autre moment), se trouvera mieux de temporiser, d'agir doucement, par persuasion, d'insinuer la suggestion dans sa pensée. Celui-ci aura plus avantageusement recours à l'auto-suggestion méditative, celui-là à la gymnastique psychique. Mais ces modalités variables, à l'infini, doivent cependant laisser en pleine lumière l'existence de règles communes,

1. Ch. VI.

indistinctement applicables à tous les cas. Or, il nous paraît que dans les deux modes de psychothérapie, et plus encore peut-être dans celui que nous avons étudié, il est deux considérations qui doivent constamment demeurer présentes à l'esprit. C'est d'abord le sentiment profond de la faiblesse inhérente à la nature même de l'homme ; et d'autre part, l'assurance de pouvoir lutter avec succès contre cette faiblesse naturelle par l'emploi persévérant et habile des ressources que nous trouvons en nous. Ces deux sentiments, qui se fortifieront de plus en plus par l'usage, suffiront presque, à eux seuls, pour régler notre conduite envers nous-mêmes. Ils nous formeront à nous étudier avec sang-froid, impartialité, sincérité, à la fois sans crainte vaine et sans folle présomption. S'inquiéter sans cesse sur sa santé, n'est-ce pas, en réalité, se suggestionner inconsciemment pour son plus grand dommage, se rendre réellement malade ou donner plus d'acuité à ses souffrances ? En revanche, se trop confier en ses forces, n'est-ce pas s'aveugler volontairement, et, dès lors, s'exposer par négligence ? Entre ces deux extrêmes il est un juste milieu que nous devons garder. Sachons voir en nous des êtres d'une santé faible et délicate, ce que nous sommes tous en effet, mais aussi prenons pleine conscience de l'empire toujours plus grand que nous pouvons conquérir sur nous-mêmes. Ainsi deviendrons-nous bons et indulgents envers nous-mêmes, et en même temps patients et forts.

CHAPITRE VIII

LA VOLONTÉ. — CONCLUSIONS : 1° MÉDICALE ; 2° PHILOSOPHIQUE ET MORALE

La faiblesse du vouloir, telle est la grande maladie de notre époque. La constatation est banale. Tous les esprits un peu réfléchis s'accordent pour déplorer cette défaillance générale des volontés. Il n'est presque personne qui ne se dise à quelque degré neurasthénique. Or, la neurasthénie n'a-t-elle pas, de l'avis de tous, pour caractère essentiel, une diminution de la volonté?

Ces faits sont indéniables. Mais on risquerait de s'égarer complètement sur leurs causes, sur les remèdes à y apporter, si l'on s'arrêtait à des explications superficielles, si l'on s'imaginait que cette maladie des volontés, cette *aboulie*, est de date récente, et que les hommes de notre génération ont été les premiers à s'en sentir atteints. Le mal est plus lointain ; et pour s'éclairer sur ses causes réelles, il faut à notre sens, remonter jusqu'à la grande crise qui marqua la fin du siècle dernier. Avec elle commença, en effet, une évolution qui, à l'heure actuelle est loin d'être terminée, et dont nous continuons à souffrir. Jusque-là, on n'avait guère parlé à l'homme que de ses devoirs. Voici maintenant qu'on lui dévoilait toute la grandeur de ses droits, qu'on l'appelait désormais à se gouverner lui-même. Or, était-il préparé à cette tâche? Et s'il ne l'était pas, qu'a-t-on fait depuis lors pour la lui rendre possible?

Qu'on le remarque : la conception qui régnait alors sur la liberté morale, sur la volonté, était celle qui, trop malheureusement a conservé son empire jusqu'aujourd'hui. C'était la volonté considérée comme une faculté autonome et souveraine maîtresse, comme une sorte de pouvoir mystérieux par lequel l'homme dispose à son gré de lui-même. Mais, à son insu, cette force affirmée indépendante, se trouvait dominée, il est vrai, mais en même temps solidement soutenue par des suggestions puissantes, celles de l'autorité et surtout celles de la religion qui suffisaient pour donner à la conscience une direction ferme, et à la vie son orientation. Aussi, vraie ou erronée, la théorie importait peu. La plupart des esprits songeaient à peine à s'étonner de voir leur volonté, soi-disant prépondérante, fréquemment mise en échec ; car malgré ces incidents passagers, ils la sentaient robuste et capable de se ressaisir promptement ; dès lors, ils ne se souciaient guère d'approfondir si cette force lui venait de son propre fonds, où si elle la tenait d'une cause étrangère.

Depuis lors, l'autorité a perdu graduellement de son prestige. Aujourd'hui elle ne nous domine plus ; car elle se fractionne en chacun d'entre nous. Le doute a soufflé sur les croyances religieuses ; nous parlons de celles qui ne se manifestent pas seulement dans les paroles et les attitudes, mais qui pénètrent assez profondément l'esprit pour imprégner et féconder toute la vie. Or, rien n'est venu remplacer cette double direction qui peu à peu s'effondrait. Nous n'avons plus rien à respecter ; nous ne nous sentons plus commandés, et nul ne nous a appris à nous respecter et à nous commander nous-mêmes. Surtout soucieuse d'instruire, l'éducation moderne ne s'est pas suffisamment préoccupée de fortifier les caractères par un faisceau de principes solides, de convictions fortes. Enfin les conquêtes de la science elles-mêmes, qui sont la gloire de notre siècle, ont eu pourtant cette conséquence grave de nous éloigner de plus de la science de nous-mêmes : en nous faisant croire trop exclusivement que le bonheur résidait hors de nous, elles n'ont fait en réalité qu'accroître nos besoins et nos désirs. Imbus des doctrines que la tradition nous a léguées, nous continuons à proclamer l'omnipotence de la volonté. Mais cette volonté souveraine ne répond plus à notre appel. Jamais elle n'avait chercher à pénétrer le secret de son pouvoir. Les appuis qui l'étayaient autrefois se sont dérobés , à son grand étonnement, la voilà qui retombe affaissée sur elle-même et sa chute est d'autant plus lourde qu'elle y était moins préparée.

De là cette dépression générale des esprits, et aussi ces agitations désordonnées, qui trop souvent ne masquent qu'imparfaitement le vide de la pensée. De là cet ennui, ce découragement, forme du pessimisme, du dégoût de vivre, qui pèse si lourdement sur la génération actuelle, issu de la disproportion entre ce qu'on nous a enseigné de la puissance de notre vouloir, et la constatation de sa faiblesse trop réelle.

De là ce scepticisme qui stérilise, ces excuses trop facilement consenties à la souveraineté des passions, ce trouble général de la sensibilité, à la fois blasée et délicate à l'excès, qui épuise à son profit les forces vives de notre être, trouble trop fidèlement réfléchi et accru par la littérature contemporaine. De là, ces névroses si répandues; de là, enfin, la fréquence toujours grandissante du suicide, forme suprême du manque de volonté, puisqu'il va jusqu'à la perte de la volonté de vivre.

Certes l'énergie n'est pas morte; nous dirons plus : elle n'est pas même engourdie. Elle est seulement mal employée, déviée de son véritable but. Engagée dans une mauvaise voie, elle conserve le souvenir et le regret de la saine direction perdue. Vienne une excitation suffisamment vive, elle retrouve aisément son orientation première, et se sent heureuse de l'avoir retrouvée. Ce qui lui fait défaut précisément, c'est une excitation et une orientation permanentes, c'est une discipline régulière qui la maintienne fermement dans la bonne route; car seul l'effort prolongé et soutenu mérite vraiment le nom de volonté. Tout cela, elle le cherche hors d'elle-même et le cherche en vain. Or, c'est en elle-même qu'elle doit chercher et trouver. Chacun va répétant que la besogne la plus urgente qui s'impose aujourd'hui est l'éducation de la volonté. Rien de plus juste; mais ce n'est là qu'un premier pas. Ce qu'il faut comprendre, c'est que cette œuvre se suffit elle-même, c'est qu'elle porte en elle-même sa satisfaction et sa raison d'être, son but et sa sanction.

Qu'est-ce donc que vouloir? Parvenus à la fin de ce travail consacré à la volonté, on aura remarqué sans doute que nous avons beaucoup parlé de suggestion et fort peu de volonté. C'est que précisément nous voulions aller du simple au complexe, des éléments de la volonté à la volonté elle-même, mettre en garde le lecteur contre la suggestion inconsciente exercée par ce mot, l'amener de lui-même à concevoir tout ce qu'il sous-entend sous sa simplicité apparente. A mesure que les faits se déroulaient, cette conviction se sera, nous l'espérons, peu à peu ébauchée, puis imposée dans son esprit : c'est qu'il n'est pas si simple que l'on croit de vouloir; on peut et on doit apprendre à vouloir. La volonté n'est pas la puissance une, indivisible, qu'on se représente communément; c'est une résultante de facteurs nombreux, idées, sensations[1], sentiments de tous ordres. Or, que voyons-nous

1. Les livres de psychologie courante ne tiennent pas assez compte de cet élément. Et cependant, n'est-il pas

trop souvent ? De ces divers éléments, une petite partie seulement est clairement perçue, tout le reste demeure inconscient ou subconscient, si bien que, même dans des conjectures sérieuses, ce travail d'élaboration s'accomplit, pour ainsi dire, en dehors de nous, à notre insu. A qui n'est-il pas arrivé, après avoir agi, de se demander à quelles considérations il avait pu céder, et de retrouver alors, par une analyse malheureusement trop tardive, les idées, les sentiments qui avaient, quoique inconsciemment, déterminé sa résolution ? Ou bien encore ce qu'il faudrait faire nous apparaît nettement; mais nous sentons douloureusement notre impuissance à agir [1].

évident, sans parler des cas extrêmes, qu'une douleur vive, une céphalée, un malaise gastrique, etc., peuvent apporter autant de gêne à l'exercice de la volonté que les sentiments ou passions, amour, colère, etc. ?

Même observation pour les affaiblissements chroniques de la volonté : ainsi la neurasthénie — dont la caractéristique est l'aboulie — survient indifféremment à la suite d'ennuis, de préoccupations, ou de maladies organiques, telles que fièvre typhoïde, grippe, etc. Remarquons donc une fois de plus, que les phénomènes physiologiques et psychologiques sont indissolublement liés, et qu'il est indispensable de mener de front l'étude des uns et des autres.

1. C'est ce qu'expriment ces vers si souvent cités :

Video meliora proboque.
Deteriora sequor.

Nous dirons : vouloir, c'est, par la *réflexion* (qui n'est qu'une forme de l'attention) rendre pleinement conscients les divers éléments du conflit qui se déroule entre nous, les juger complètement, froidement, en spectateur impartial, nous mettre ainsi dans les conditions les plus favorables pour arrêter sainement notre détermination; puis, une fois ce jugement porté, donner à la résolution prise, par *l'attention* accumulée sur elle [1], assez de force pour qu'elle s'impose dans l'esprit et se réalise en fait. Apprendre à vouloir, c'est donc apprendre à discipliner l'attention, à mettre l'attention au service de l'intelligence.

Et la preuve, c'est que, comme l'attention et l'intelligence même, loin d'être une faculté toujours identique chez les hommes, la volonté est un appareil de perfectionnement, un produit de civilisation. Nulle ou presque nulle chez les animaux, elle devient plus manifeste et plus complexe chez l'homme à mesure qu'il s'éloigne de l'état primitif. De même le tout jeune enfant n'a

1. Ce que, dans les descriptions usuelles, on désigne sous le nom d'*effort* volontaire est l'accumulation *brusque* d'attention. Par tout ce qui précède, on voit suffisamment que ce n'est pas là toute la volonté (v. page 68, note.)

pas de volonté ; elle n'apparaît que peu à peu, sous l'influence de l'éducation, qu'elle vienne des hommes ou des choses [1]. On s'explique donc qu'alors même qu'elle paraît le plus solidement assise, sa domination reste toujours en réalité précaire et vacillante, qu'elle ait sans cesse besoin d'être soutenue et affermie.

Or, que fait la thérapeutique suggestive ? Elle prend pour base cette donnée primordiale : Toute idée contient en germe le phénomène qu'elle exprime; toute idée, si faible qu'on la suppose, est un commencement d'acte. Au centre de l'acte volontaire, pour ainsi parler, elle place l'idée, ou les idées, jugées bonnes par l'intelligence, dans les cas simples où les deux termes de l'alternative sont nettement posés, ou la solution à faire prévaloir s'impose sans discussion possible (douleur ou non douleur, p. ex.). Puis, aux idées ainsi choisies [2], elle nous apprend à donner force de réalisation, soit en les maintenant pendant un temps plus ou moins prolongé

1. Ribot, *Psych. de l'attention*.

2. Idées positives, ou négatives, d'où le double pouvoir de réalisation et d'arrêt, l'inhibition et la dynamogénie (V. Chap. II). « La volonté est tantôt puissance et tantôt « résistance. Si c'est par elle que l'homme produit tant et

dans la conscience, soit en faisant converger sur elles les forces que nous pouvons accumuler en nous, ou par nous-mêmes[1], ou grâce à des influences étrangères. Elle nous enseigne, en un mot, à discipliner notre attention, uniquement tout d'abord, cela est vrai, pour augmenter ou restreindre la puissance « dynamogénique » de l'idée. Mais, ainsi discipliné et fortifié par son exercice même, notre pouvoir d'attention, ou d'autosuggestion, — ces deux termes sont synonymes[2] — cherchera de lui-même à s'affirmer dans les cas les plus complexes. Et là il interviendra, non plus seulement dans la dernière phase, pour amener ou empêcher la transformation de l'idée en acte, mais dans le travail de délibération intérieure, de réflexion qui précède la décision, pour évoquer, comparer, préciser en pleine conscience les divers motifs d'agir ou de s'abstenir, pour empêcher tel sentiment puissant d'emporter l'acte par surprise,

---

« de si grandes choses, c'est par elle aussi qu'il résiste « à la douleur ; cette faculté nous représente un levier « qui d'un côté soulève et de l'autre résiste ». (Biliod, *Maladies mentales et nerveuses*).

1. Y compris les sensations et sentiments résultant de l'expression donnée à l'idée, ce qui englobe dans la même définition l'auto-suggestion active.

2. Voir Chap. III.

en un mot, pour nous permettre de déterminer, autant que possible en parfaite connaissance de cause.

Apprendre à vouloir, c'est donc apprendre à manier l'autosuggestion, et la suggestion des autres sur soi. Mais si, même par la persévérante et intelligente mise en œuvre des procédés étudiés, la volonté ne réussit pas à prendre possession d'elle-même, qu'elle ne considère pas la partie comme perdue : elle peut et doit alors faire appel à la thérapeutique hétérosuggestive. Celle-ci, contrairement aux préjugés courants, ne lui imposera pas la volonté d'autrui. Elle lui apprendra à se discipliner, à coordonner à nouveau ses forces dispersées ; elle sera pour elle seulement un guide et un éducateur, mais le guide le plus sûr, l'éducateur le plus puissant et le plus rationnel.

Ainsi la volonté perd cette belle confiance en elle-même, dont elle se berçait sans se soucier de l'approfondir. Enfermée dans les lois qui régissent l'esprit et l'action de l'esprit sur le corps, elle ne peut s'affranchir et commander en maîtresse qu'en se soumettant à ces lois. Son apparente liberté masquait une vassalité trop réelle : la voici, maintenant, vassale en apparence, en réalité libre, et libre dans les limites les plus étendues ; car, en raison même de la généralité et de la rigueur de la formule sur laquelle elle s'appuie, il n'est pas de phénomène physique ou psychique, pas de point de l'organisme sur lequel elle ne puisse prétendre à agir avec la plus parfaite décision.

Telle est la théorie de ce livre. Deux conclusions capitales, intimement unies en fait, en découlent.

1° *Une conclusion médicale.* — C'est la possibilité désormais bien établie d'une médecine psychique faite par nous sur nous-mêmes. Par la discipline de notre volonté, nous pouvons, dans une large mesure, nous rendre maîtres de notre organisme. Ceux mêmes qui ne s'assujettiront pas à cette discipline constante, trouveront encore dans l'application temporaire des lois très simples de l'autosuggestion, le moyen d'éloigner d'eux bien des misères, bien des malaises. Les stoïciens n'ont donc pas été des êtres d'exception, surtout si l'on réfléchit que leur force morale se retrempait sans cesse dans les enseignements du maître, dans les entretiens entre disciples. Ainsi secondés, beaucoup d'entre nous pourraient assurément devenir de parfaits stoïciens, et plus aisément encore, peut-être, la doctrine de la suggestion nous précisant aujourd'hui de la façon la plus lumineuse le mode d'action de la pensée.

Mais ce n'est là qu'un premier point. La volonté, en déposant en nous, par son exercice répété, des habitudes de vouloir favorables, pourra déraciner les habitudes fâcheuses qu'une éducation mal comprise, l'imitation, etc., ont pu développer en nous. Contrairement au dicton vulgaire, il est donc possible de se réformer, et dans son tempéramment physique, et surtout dans son caractère moral. Qu'est-ce que le caractère, en effet ? Ici, encore, la simplicité du mot n'implique pas la simplicité de la chose. Le caractère n'est pas un bloc immuable, homogène : c'est une résultante, non seulement de l'hérédité, mais des influences de milieu, d'éducation, qui sans cesse y apportent des modifications nouvelles. Comment, dès lors, prétendre qu'on ne peut changer ce qui change en réalité chaque jour ?

Mais il y a plus : il n'est pas jusqu'aux habitudes transmises par l'hérédité, que nous ne puissions aspirer, sinon à annihiler, du moins à modifier plus ou moins profondément. Il n'entre pas dans notre plan de discuter cette grave question de l'hérédité. Nous croyons nécessaire cependant de réagir ici contre la suggestion décourageante que répandent sur les esprits des théories absolues trop facilement acceptées. Pour s'évader de son hérédité, la première, la vraie condition est de croire l' « évasion[1] » possible ; si on n'y parvient pas de soi-même, il faut qu'un autre vous donne cette foi. Certes, il est des malformations physiques, intellectuelles et morales, contre lesquelles tout effort resterait superflu. Mais toute hérédité n'est pas fatale. Un fils de tuberculeux ne naît pas nécessairement tuberculeux, mais seulement tuberculisable. Pareillement, chez un issu de nerveux, la neurasthénie, l'hystérie, l'épilepsie même attendront une occasion favorable pour éclore, au moins pour se manifester bruyamment. Une hygiène soigneuse pourra écarter ou atténuer ces causes provocatrices, par suite diminuer les chances de reproduction. Mais si, malgré tout, des accidents éclatent, une thérapeutique bien établie pourra souvent les combattre avec succès, en tout cas en restreindre la gravité.

1. C'est on le sait, le titre d'une fort intéressante pièce de M. Brieux, qui développe précisément cette thèse.

2° *Une conclusion de morale pratique.* — Les choses ne deviennent pour nous plaisir ou souffrance que par les impressions qu'elles provoquent en nous ; elles ne fournissent que la matière des biens ou des maux, les éléments de ce qui, par notre réaction personnelle, deviendra bien ou mal. Or, en apprenant à manier notre volonté, nous apprenons à gouverner notre manière de réagir, par conséquent à tenir éloignées de la conscience les émotions ou sensations pénibles, à tirer au contraire des émotions ou sensations agréables tout ce qu'elles peuvent nous donner de joie. Il est donc exact de dire que notre bonheur tout entier dépend de l'éducation de la volonté.

Mais ici nous voici arrêtés par une sérieuse objection : « Ne conduisez-vous pas ainsi l'homme, « va-t-on nous dire, à identifier son bonheur « avec son plaisir, à subordonner toutes choses « à la considération de son agrément personnel ? « Votre conclusion soi-disant morale, n'est-elle « donc pas immorale au premier chef, puis« qu'elle ne tend à rien moins qu'à faire de nous « des utilitaires et des égoïstes ? »

Disons tout d'abord que nous attribuons à l'homme non seulement le droit, mais le devoir de faire de son contentement le but de son existence. Un certain égoïsme est nécessaire : la vie serait insupportable qui ne s'accompagnerait pas de la joie de vivre. Le tout est de savoir où l'on place ce contentement, comment on entend cet égoïsme. Or, — et c'est sur ce point qu'il nous reste à insister —, nous pensons, que loin de nous entraîner vers la recherche d'une utilité basse et vulgaire, l'éducation de la volonté par la pratique régulière de l'auto-suggestion, aura pour résultat nécessaire, par le seul déroulement logique des lois de la pensée, le relèvement de notre niveau moral, l'affirmation toujours plus absolue dans notre esprit d'une doctrine morale.

Nous avons indiqué déjà les gradations insensibles qui dessineront cette évolution. Suivant la loi de la suggestibilité (ou de l'habitude), les suggestions à mesure qu'elles se répètent, déposent dans l'esprit du sujet et à son insu l'idée de se soumettre tout entier à une sorte de suggestion plus large et plus compréhensive, embrassant l'ensemble de son être et de son existence. Reste à savoir comment cette suggestion sera conçue. Or, voici à cet égard ce qui se produira.

Au début le sujet ne voit dans l'auto-suggestion qu'un moyen ; il cherche seulement, par elle, à se débarrasser de quelques malaises. douleurs, tendances d'esprit fâcheuses, etc. Sans qu'il s'en aperçoive cependant, ces premières suggestions, qui paraissent ne viser qu'un but d'utilité pratique, contiennent implicitement en elles un élément plus noble : la pensée d'introduire un certain ordre en lui-même, par conséquent[1] une aspiration encore bien confuse, il est vrai, vers un idéal rationnel. Supprimer une douleur par sa volonté c'est en effet déjà, dans une certaine mesure, faire effort pour substituer à ce qui est ce qui doit être, tendre vers un certain idéal : c'est déjà faire œuvre morale.

Les suggestions se répètent. D'abord inconsciemment, suivant la même loi de l'habitude, puis avec l'aide de ce pouvoir d'attention et de réflexion, développé en nous par l'auto-suggestion, et qui nous conduit à mieux observer nous-mêmes et autrui, et à tirer de nos observations un parti meilleur, cette pensée jusque-là à peine ébauchée, à peine teintée d'émotion, se concrète, se précise. Du même coup l'élément émotif, le désir qu'elle enveloppait en elle, se dégage et se

1. Voyez note, page 71.

fortifie par degrés. Elle voit s'augmenter sa puissance d'attraction et d'expansion. Elle émeut plus vivement notre sensibilité, elle attire plus vigoureusement vers elles nos idées, elle tend à se manifester dans nos actes. Ainsi nous nous habituons à établir une sorte de hiérarchie entre nos différentes inclinaisons et plaisirs. Au-dessus des penchants et plaisirs des sens et des passions, plus aigus, mais par là même moins durables et trop souvent suivis d'épuisement, nous apprenons à placer les joies intellectuelles, c'est-à-dire le plaisir de développer et d'instruire notre esprit. Ce plaisir, nous nous sommes formés à mieux le connaître et l'apprécier, à mesure que nous prenions plus de goût à entrer en contact plus intime avec nous-mêmes, à nous découvrir à nous-mêmes, à pratiquer sur nous ce travail d'analyse personnelle que réclame l'auto-suggestion. Et il faut que la satisfaction attachée à ce travail soit bien vive, pour qu'on voie nombre de névropathes y trouver une sorte de compensation à leur mal, et en oublier, pour ainsi dire, leur désir de guérir. Enfin, nous comprenons que savoir ne doit être qu'un premier pas vers une œuvre plus haute, que seule, l'action qui met à profit la science acquise, l'action consciente, intelligente, raisonnée, peut nous donner la pleine sensation de vivre. Ainsi au-dessus des jouissances purement intellectuelles, spéculatives, nous plaçons la joie morale, celle que nous donne le sentiment d'une activité bien réglée, et qui s'emploie à se rendre sans cesse supérieure à elle-même, celle que nous éprouvons à satisfaire aux vraies fins de notre nature, en nous attachant, par dessus toute choses, à assurer la conservation et le développement constant, le plus parfait et le plus harmonieux[1] possible, de tout notre être physique, intellectuel et moral; à identifier, en un mot, la recherche du plaisir avec la recherche du bien. Joie calme, sévère, sérieuse, mais saine et réconfortante entre toutes, qui nous attirera toujours davantage vers elle à mesure que nous l'aurons plus souvent goûtée. Car nous sentirons qu'elle est seule assez large, assez fidèle, pour s'étendre, sans risques de lendemains pénibles, sur une existence tout entière.

Enfin, suivant toujours sa loi accoutumée, l'habitude devient nécessité d'agir, elle se trans-

1. Ce qui veut dire que chacune de nos facultés ou fonctions doit être maintenue et développée en proportion de son importance.

forme en une obligation toujours plus pressante, plus impérieuse, plus exclusive de tout autre idée, de donner à la pensée, à la volonté raisonnable, la direction suprême de toute notre vie, d'assigner ainsi pour but et raison d'être à celle-ci, la tension et l'épanouissement progressifs de notre personnalité vers un idéal rationnel, de trouver notre utilité, notre plaisir, notre bonheur dans la compréhension et la réalisation de plus en plus parfaite du bien en nous. En même temps, la croyance à notre perfectibilité est devenue une confiance toujours plus ferme en nous-mêmes, un optimisme, non pas aveugle et prêt à s'effriter à la plus légère épreuve, mais raisonné, tenace, et agissant. Ici, en effet, il est bon de le noter, l'habitude n'engendrera ni l'inconscience, ni la satiété, car notre perfectionnement est indéfini ; et par là-même, notre œuvre nous deviendra chaque jour plus hautement consciente, plus profondément désirable.

Ce n'est là qu'un premier échelon. Il est difficile, dit-on vulgairement, de sortir de son caractère. Notre caractère, en effet, on l'a vu déjà, agit sur nous comme une suggestion constante qui modèle à son image toutes nos impressions, toutes nos pensées ; tout homme voit forcément les autres et la nature elle-même à travers le prisme de son individualité propre. Ainsi l'avare, le méchant croient à l'avarice, à la méchanceté d'autrui ; le pessimiste est intimement persuadé que le mal est partout, alors qu'il est surtout en lui-même. De même, à mesure qu'elle va prendre corps, la conception que nous formons de nous-mêmes va tendre à s'extérioriser. Peu à peu le sentiment de notre perfectibilité personnelle va s'étendre aux autres hommes. Ici encore, ce n'est qu'une impression vague, à peine sentie, puis une idée timidement émise, vite effacée par d'autres pensées, une hypothèse qui ne cherche même pas sa vérification. Mais à mesure qu'elle se répète plus fréquemment, notre esprit s'habitue à cette idée ; elle s'y affermit ; elle devient un centre d'attraction ; elle groupe autour d'elle les preuves qui l'enfonceront plus avant en nous. Enfin elle se convertit en une croyance toujours plus profonde et réfléchie à l'établissement progressif de l'ordre et de l'harmonie parmi les hommes, comme en nous-mêmes, à la marche incessante de l'humanité vers un idéal toujours meilleur et plus élevé. Du même coup, notre idéal individuel s'est élargi ; il nous apparaît désormais, non plus isolé, mais comme une partie de l'idéal commun à l'humanité tout entière.

Ainsi, sans perdre de vue notre bien individuel, nous sommes arrivés à nous dépasser nous-mêmes. Notre soi-disant égoïsme laisse transparaître ce qu'il enfermait réellement en lui : l'amour, non de l'individu, mais de la personne humaine. Dès lors, notre conduite envers les autres réflètera notre conduite envers nous : nous apprendrons à nous respecter nous-mêmes en autrui ; conscient de notre faiblesse, bon et souvent indulgent pour nous, nous userons envers les autres hommes de la même bonté, de la même indulgence ; nous comprendrons que mieux vaut redresser, améliorer, que critiquer ou s'offenser. Ainsi nous tendrons à réaliser peu à peu en nous cette forte parole de Kant : « Agis de telle façon que tu traites l'humanité en toi-même », et cette autre, d'un philosophe ancien : « Tu demandes ce que j'ai gagné ? Je suis devenu « l'ami de moi-même. Un tel homme, sois-en « sûr, est l'ami de tous les hommes »[1].

Un degré encore, et notre esprit projette la conception qu'il s'est faite de lui-même, non plus

1. Sénèque, *VIe Lettre à Lucilius.*

seulement sur l'humanité, mais sur la nature tout entière. Nous sentons peu à peu s'implanter en nous la croyance, puis la foi dans l'évolution de toutes choses vers le bien, dans la domination toujours plus ferme sur l'Univers d'une Suggestion raisonnable. Le monde, comme nous-même, nous semble s'être tracé un idéal vers lequel il tend et aspire sans relâche par un effort lent et continu. Et réciproquement, cette conviction s'impose graduellement à notre esprit, qu'en travaillant à assurer en nous le triomphe de l'idée, nous contribuons, pour notre faible part, à réaliser les fins de l'Univers. Notre morale personnelle nous apparaîtra comme dérivée de la morale universelle.

Pour nous, nous pensons (et il n'est personne assurément qui n'arrive, à quelque moment dans sa vie, à en avoir le sentiment plus ou moins net), qu'une doctrine morale est nécessaire à l'homme. Elle est aussi indispensable à son esprit que l'oxygène à son sang : seule, elle peut le vivifier, le soulever au-dessus de sa condition présente, ennoblir à ses yeux les monotonies de chaque jour, lui faire supporter avec patience les amertumes et les déboires que la vie lui réserve. Nous croyons aussi à la nécessité d'une religion, c'est-à-dire d'une aspiration constante et jamais satisfaite vers un au-delà, vers un idéal, aspiration fondée sur cette conviction intime et profonde que notre existence, n'est pas un accident, qu'elle a sa place et son rôle dans l'ensemble des choses. Nous pensons, en un mot, que l'homme ne peut vivre que s'il se donne les raisons de vivre. Or, idéal et volonté sont deux termes inséparables. Toute époque de volonté faible n'est-elle pas une époque d'idéal absent ou défaillant ? Inversement on ne peut vouloir « à vide », on ne peut cultiver sa volonté sans se créer l'idéal qui manquait. Cette doctrine morale, cette religion naturelle, on voit donc comment l'éducation de la volonté par l'auto-suggestion nous y achemine d'elle-même. Contenues en germe dans les premières suggestions, elles prennent conscience d'elles-mêmes, à mesure que les suggestions, en se répétant, éveillent et accroissent la suggestibilité.

Qu'on me permette de citer ici ma propre observation, et je crois pouvoir le faire en toute sincérité ; car il y a loin, je l'ai dit suffisamment, entre l'idée simplement conçue et l'imprégnation plus ou moins parfaite de l'être par cette idée. L'évolution que nous avons décrite est celle qui s'est produite partiellement en nous, et à notre insu. Ce n'est que peu à peu, et depuis peu, qu'elle nous est devenue nettement perceptible ; l'ayant ainsi constatée, nous avons naturellement songé à la rattacher aux suggestions premières : la réflexion nous a clairement fait voir l'enchaînement inconscient d'idées qui s'était produit en nous. Cette évolution est donc bien dans la loi même de l'auto-suggestion ; il est donc juste de dire que chacun de nous porte en lui un reflet, plus exactement une partie de l'infini ; car notre raison ne peut prendre conscience d'elle-même, sans tendre du même coup à prendre conscience de la raison de toutes choses.

Au rayonnement de cet idéal qu'elle se crée elle-même, la volonté, qui est la raison mise en action, ne risquera pas d'énerver son énergie, de s'épuiser dans une contemplation stérile, de résoudre son individualité dans la volonté universelle. Bien au contraire, elle en tirera, avec une conscience toujours plus nette d'elle-même, une puissance et une chaleur toujours croissantes ; qui plus est, elle y fortifiera sa tendance à se développer pratiquement. La manière même dont elle s'est constituée en est le sûr garant. C'est, en effet, en prenant d'abord pour base l'observation personnelle et les faits les plus humbles de cette observation, c'est en même temps par un effort continu et persévérant qu'elle s'est élevée à la conception de la vérité morale. Dès lors, nous n'aurons pas de peine à réserver très haut et très vif en nous le sentiment de notre personnalité et de ce qui lui est dû; nous nous accoutumerons à placer surtout le prix de la vie, indépendamment des souffrances et des jouissances, dans les efforts mêmes, dans les luttes incessantes qu'elle exige; nous ferons entrer en nous, toujours plus profonde, cette conviction qu'il n'est pas une de nos fonctions, pas une de nos actions, si méprisable paraisse-t-elle, qui n'ait sa beauté propre, et sa place dans l'idéal commun; nous saurons mettre tout notre soin à ne jamais perdre le contact avec les faits, nous astreindre sans cesse à déduire de la réalité présente la réalité possible, à établir une harmonie parfaite et constante entre l'aspiration et l'effort, pousuivre le Bien dans une progression jamais lassée vers le Mieux.

DEUXIÈME PARTIE

APPLICATIONS PRATIQUES

OBSERVATIONS

Parmi les observations qui suivent, les unes ont été recueillies sur nous-même ; les autres sont dues à diverses personnes, jeunes gens de 25 à 30 ans, que nous avons priées de pratiquer sur elle l'auto-suggestion. Nous les désignerons sous les initiales A.B.C.D.E.F.[1].

OBSERVATIONS MORALES ET INTELLECTUELLES

Ennuis, préoccupations, etc. B. — Hier soir, invité à un dîner de cérémonie, j'avais, en m'habillant,

---

1. Pour beaucoup des observations qui suivent, on peut objecter, nous le savons, qu'il s'agit de pures coïncidences. Nous répondrons : 1° que la répétition des mêmes faits doit nécessairement faire croire à un rapport de causalité ; 2° que le sujet, chacun pourra le constater, sait fort bien comment il aurait été sans la suggestion et se rend parfaitement compte que le changement opéré en lui n'est pas le fait d'une évolution naturelle, mais résulte de la suggestion qu'il s'est donnée.

l'ennui profond d'y aller, et peur, surtout, de m'ennuyer terriblement. La longueur de la course m'a obligé à penser, et j'ai voulu alors essayer non seulement de chasser de moi cette idée d'ennui, mais encore j'ai voulu ramener une idée de plaisir qui, après force essais, est enfin parvenue à dominer l'idée première et en a triomphé. En effet, j'ai causé beaucoup et gaiement, et j'ai passé une soirée fort agréable.

1° Il s'agit ici d'une auto-suggestion à distance, faite à l'état de veille, et qui n'en a pas moins été suivie d'un heureux résultat. L'auto-suggestion peut être parfois facilitée par les mouvements, les gestes; la marche a peut-être agi dans ce sens, dans l'observation qui vient d'être donnée.

2° Le sujet ne paraît pas avoir pensé tout d'abord à se suggestionner. Nous avons noté déjà que l'habitude même rendrait progressivement cette idée de plus en plus présente à l'esprit.

E. — Note à deux reprises sans autres détails :

— Tranquillité d'esprit presque inconsciente venant d'un effort de volonté fait hier au soir.

— Un ennui auquel j'avais pensé la veille, ennui tout moral, a disparu complètement. Je sentais parfois, dans la journée, comme des lambeaux de cette pensée s'approchant lentement de mon esprit, mais n'arrivant pas à se fixer. Ma seule pensée les faisait disparaître. Elle revenait parfois vaguement, comme essayant de nouvelles tentatives qui disparurent définitivement vers la fin de la journée.

Dans ces observations se trouve fort bien mise en relief une donnée d'une importance capitale, que vérifieront certainement sur eux-mêmes tous ceux qui s'exerceront à l'auto-suggestion. Bien qu'y ayant déjà insisté, nous ne croyons pas inutile d'y revenir encore. Une suggestion a été faite : elle semble ne pas avoir réussi ou n'avoir donné qu'un résultat fort imparfait. C'est simplement qu'elle n'a pas eu le temps d'achever son développement dans l'esprit. Elle va y poursuivre son chemin, alors que le sujet a déjà la pensée occupée ailleurs, effaçant ainsi peu à peu, et sans qu'il s'en doute, et le trouble contre lequel elle était dirigée, et le souvenir même de ce trouble : la suggestion a réussi, mais le sujet reste ignorant de la victoire remportée.

Ces faits, nous le répétons, doivent être soigneusement contrôlés; car ils permettront de prendre confiance en toutes circonstances dans l'auto-suggestion. Dans bien des cas, au reste, l'inconscience n'est que temporaire. Au bout d'un certain temps, le souvenir du phénomène morbide et de la suggestion curatrice réapparait à la pensée ; et par un effort de mémoire, on peut se rendre compte nettement de l'importance du résultat qui avait été obtenu.

Un mot encore sur cette réapparition à la pensée du phénomène morbide. Nous l'avions attribué, on l'a vu, au hasard seul y ramenant l'attention. A la réflexion, cette explication nous semble insuffisante. Voici ce qui se passe en réalité : La suggestion faite perd peu à peu de sa forme première. Dès lors, elle ne peut plus masquer complètement le phénomène morbide ; elle laisse réapparaître, ou, pour mieux dire, transparaître à nouveau celui-ci, mais plus atténué, moins précis. Un effort bien moins grand suffit pour s'en rendre maître ; et ainsi de suite, à deux, trois reprises ou plus, jusqu'à ce qu'il soit définitivement éliminé.

F. — Fatigué, mal disposé dans le courant de la journée, je crains de faire mauvaise figure à une soirée où je suis invité. Je me suggestionne vingt minutes environ en m'efforçant peu à peu de me représenter gai, en train, causant sans peine. Le soir, je constate avec surprise que je suis en effet très gai, d'une gaieté très naturelle, et cela me paraît très certainement attribuable à la suggestion que je me suis faite. A un moment, j'ai ressenti un certain malaise dont je me suis facilement et presque immédiatement rendu maître par un simple effort de la pensée.

— J'ai du reste eu moi-même l'occasion de faire plusieurs fois sur moi des observations tout à fait semblables.

D. — Suggestion contre idées ennuyeuses dont je ne puis me débarrasser. Je me recueille le plus profondément possible en tâchant de m'endormir et d'endormir ces idées. J'y parviens difficilement, car malgré moi, ma pensée revient sans cesse à ces préoccupations ; et à ce moment, je ne pense même plus à me suggestionner. Cependant après plusieurs essais, je remarque que j'arrive à y appliquer ma pensée un peu plus longuement, ce qui m'encourage à persévérer. Une fois que je me sens arrivé à un certain calme relatif de l'esprit, je me représente ces idées s'effaçant de plus en plus, disparaissant dans le lointain. Enfin, malgré la répugnance que j'y éprouve, je me force à dire tout d'abord à voix basse, puis à demi-voix, enfin à exprimer tout haut et bien franchement cette idée que je ne pense même plus à ces ennuis. Effectivement je me sens peu à peu remonté. Au bout d'un certain temps, j'ai constaté que depuis lors je n'avais plus du tout pensé à tout cela. La suggestion avait duré une demi-heure environ.

Cette observation décrit fort exactement les différents procédés de l'auto-suggestion dite *idéative*. Celle-ci comprend en effet, unis ou séparés : 1° le *recueillement* ; 2° l'autosuggestion contemplative, ou mieux, *représentative* : ainsi, dans le cas qui vient d'être relaté, le sujet s'est efforcé de *se voir* lui-même gai, joyeux, tel qu'il désirait d'être. De même, pour une douleur, on se représentera peu à peu la région atteinte se dégageant, puis absolument indolore, jouissant de la pleine liberté de ses mouvements, etc. ; 3° l'autosuggestion par la parole ou *verbale*. Et en sachant encore varier à propos ses procédés, en s'entraînant à parler tout d'abord à voix demi-haute, puis tout haut, le sujet a réussi à faire définitivement pénétrer dans la pensée, par effraction, en quelque sorte, la suggestion qu'il voulait y implanter.

Nous ajouterons cette remarque importante, au moins au point de vue théorique. C'est qu'entre les deux modes d'autosuggestion il n'y a pas de ligne de démarcation absolue. Toute autosuggestion active contient implicitement en elle une suggestion de l'idée : on l'a vu déjà. La réciproque est vraie pour l'autosuggestion idéative. C'est ainsi que l'autosuggestion représentative, si elle agit d'abord directement sur l'idée, exerce aussi sur elle une action indirecte, par contrecoup, lorsqu'elle est parvenue à lui donner par l'imagination une forme plus concrète, à faire de cette idée une image. De cette représentation idéale, l'idée tirera en effet un supplément de force, tout comme de sa représentation réelle. Quant à l'autosuggestion verbale, elle pourrait être, à tout aussi juste titre, rattachée à l'autosuggestion active, la parole n'étant qu'un des modes d'expression de la pensée. Si elle mérite une place à part, c'est seulement parce que ce mode d'expression est le plus parfait, le plus complexe, et aussi le plus maniable de tous.

Au résumé, suivant la loi première de la suggestion, l'idée et la représentation de l'idée sont inséparables l'une de l'autre. Il n'y a donc pas, il ne peut pas y avoir de différence fondamentale entre les deux variétés d'auto-suggestion.

Un seul état mérite une place bien distincte, en s'opposant nettement à tous les précédents : c'est le recueillement. Tandis que dans tous ceux-ci, en effet, la pensée se manifeste activement, ici, au contraire, le sujet cherche uniquement à établir et à maintenir dans l'esprit un état de vide plus ou moins complet, en écartant de lui toute pensée active. C'est donc pour l'esprit, essentiellement, un état de repos. A son degré le plus élevé, le recueillement aboutira au sommeil profond, sans pensées, sans rêves.

L'observation suivante, empruntée à E, nous donne un exemple d'autosuggestion contemplative pure sans suggestion par la parole :

— Un de mes amis ayant mal agi envers moi, cette pensée me poursuit sans cesse depuis plusieurs heures. Pour m'en débarrasser, après m'être étendu, je me commande d'abord de dormir, mais le sommeil ne se fait point à cause de la fixité de ces idées. Pour m'y soustraire, j'essaye de compter les mouvements de ma respiration, et de les régler le mieux possible ; je cherche ensuite une idée plus agréable à laquelle je puisse me rattacher. A un certain moment, je sens qu'un peu de calme se fait, je tâche alors de me représenter tranquillement la personne qui m'a offensé, je m'efforce d'effacer, de brouiller pour ainsi dire peu à peu son image devant mes yeux. Par plusieurs suggestions successives faites de la même manière, j'ai réussi à dissiper complètement cette préoccupation. Le souvenir ne m'en est revenu que peu après, lorsque j'ai eu l'occasion de rencontrer de nouveau cette personne.

On voit ici en même temps un exemple de dérivation psychique. Le phénomène à combattre dominant trop puissamment l'esprit pour pouvoir être attaqué directement, le sujet s'est efforcé de diriger sa pensée dans un autre sens. Dès lors ce phénomène s'est naturellement atténué de lui-même, le recueillement a été rendu possible, enfin la lutte directe a pu être reprise avec meilleures chances de succès.

Découragement. — D. — Abattu, découragé depuis plusieurs jours à la suite d'une vive émotion que j'ai éprouvée, j'essaye de réagir à plusieurs reprises. Les premières tentatives m'ont paru vaines. Cependant, deux jours après, j'ai remarqué que depuis lors je m'étais senti plus d'ardeur, plus d'entrain ; cela s'était produit en moi sans même que je m'en fusse aperçu.

Colère. — C. — Remarque de lui qu'il a réussi par des auto-suggestions répétées à se rendre d'une façon générale beaucoup plus calme, plus maître de lui.

Timidité. Préventions. — Le même, souvent embarrassé, est arrivé « à vaincre en grande partie cette timidité, à se donner beaucoup plus d'assurance, plus d'aplomb ».

Obs. pers. — J'ai recueilli sur moi des observations analogues, lors de mes derniers examens. Je me suis suggestionné la veille, en m'efforçant de *voir* mes suggestions, c'est-à-dire, de me représenter devant la table d'examen, répondant tranquillement et posément à mes juges. Le lendemain, j'ai été étonné moi-même de mon calme parfait. Une fois cependant, je n'ai obtenu qu'un succès partiel.

B. — J'ai pu souvent faire disparaître par auto-suggestion de petits ennuis créés à l'avance par l'obligation de voir certaines personnes, d'accomplir certains actes ennuyeux, comme une visite indispensable, etc.

A. — Habituellement froid ou réservé avec certaines personnes, et regrettant tout le premier ma froideur, j'ai eu souvent recours à l'auto-suggestion quand je devais les voir, pour me rendre plus aimable et plus expansif avec elles. Ces suggestions ont souvent si bien réussi, et si naturellement, que je me demandais les premières fois si elles étaient bien la cause du changement constaté.

Sentiments de regret, d'amour. — C. — Par des suggestions fréquemment répétées a réussi à dissiper le regret que laissait en lui la perte d'un de ses proches, regret qui, en absorbant son esprit, menaçait de le détourner de toute autre préoccupation.

Chez D. — Observation analogue pour le chagrin qu'il éprouvait du départ d'une jeune femme à laquelle il était très attaché. — « Les suggestions ont été pendant assez longtemps très pénibles, et il m'a fallu très souvent de vigoureux efforts sur moi-même. Je m'attachais surtout à faire valoir à mes yeux, par un travail continu de suggestion, toutes les raisons que je pouvais trouver de ne pas avoir de regrets, et en même temps je m'efforçais de ne pas voir celles qui pouvaient maintenir ces regrets. En ne négligeant ce travail à aucun moment, je suis parvenu à rendre mon souvenir confus, indistinct, comme enveloppé de brouillard. Dès qu'il apparaissait, il suffisait d'une suggestion beaucoup moins énergique pour le chasser. Plus tard même, j'ai remarqué que, même en essayant d'y porter toute mon attention, je n'arrivais plus à le ressaisir, à le reconstituer d'une façon précise. Il me semblait qu'il y avait en moi comme une barrière, un obstacle, une volonté autre qui s'opposait à la mienne. »

Cette volonté c'est l'habitude déposée et enracinée peu à peu par des suggestions répétées.

En résumé, tous les sentiments, inclinations, tendances, émotions, passions, sont justiciables indistinctement d'une thérapeutique commune, et cette thérapeutique découle elle-même des lois générales qui ont été établies. Tantôt on se trouvera mieux d'agir par voie indirecte, de mettre en œuvre les différents procédés que nous avons englobés sous la dénomination d'autosuggestion active. On réprimera les manifestations extérieures du sentiment que l'on veut combattre, ou, mieux encore, on s'efforcera d'exprimer en sa manière d'être, d'agir, de parler, le sentiment opposé. Ou bien on usera peu à peu la quantité d'énergie que ce sentiment représente, en la dérivant sur d'autres sentiments plus favorables, en la dépensant en occupations intellectuelles, voire même en exercices physiques (marche, etc...). D'autres fois, il sera préférable, au contraire, d'employer l'autosuggestion proprement dite : « contemplation » du sentiment qu'on veut implanter en soi, auto-suggestion verbale avec ou sans recueillement. Nous sommes loin de prétendre que la tâche est toujours aisée : elle l'est cependant souvent beaucoup plus qu'on ne le croirait de primo abord, et dans bien des cas on s'étonnera de pouvoir produire par des moyens, en somme très simples, des transformations si profondes.

La difficulté que rencontre ici l'autosuggestion est celle qu'elle retrouvera partout ailleurs ; si elle est plus nettement perceptible dans le cas présent, c'est seulement parce que les phénomènes de l'esprit sont plus directement accessibles à notre observation. Cette difficulté, c'est que la passion, à mesure qu'elle grandit, maîtrise peu à peu la volonté et fait de celle-ci sa complice toujours plus docile. Elle s'inscrit dès lors dans l'esprit à la façon d'une habitude, d'une tendance, qui cherche à se satisfaire et trouve son plaisir dans sa satisfaction même. Ainsi, pour nous suggestionner, il nous faudra lutter contre notre volonté et notre plaisir mêmes[1].

Si notre volonté était, suivant la croyance commune, faite d'une seule pièce, la situation serait, en effet, plus que compromise. Il y a des cas, il est vrai, où la passion est si forte qu'elle accapare toute la volonté ; mais ce sont là, fort heureusement, des épisodes exceptionnels et peu durables par leur violence même. Habituellement, il n'en est pas ainsi. La volonté, on ne saurait trop le répéter, n'est pas une force homogène. Deux volontés opposées peuvent parfaitement cohabiter dans l'esprit. Chacun de nous

1. La même observation s'applique aux névroses qui ne sont, nous l'avons dit déjà, que l'histoire amplifiée des passions. Les névropathes sont en même temps, et par dessus tout, des psychopathes. Certains d'entre eux ne veulent même pas se reconnaître malades ; tout au moins, déclarent-ils et croient-ils eux-mêmes de bonne foi qu'ils guériront dès qu'ils le voudront. Ou bien encore, ils désirent ardemment guérir ; mais il y a en eux comme un autre moi qui les attache à leur maladie et s'efforce de les soustraire à la guérison. En traitant ces malades, on remarquera souvent que la guérison s'effectue en deux stades : 1° Guérison en fait ; 2° Guérison dans l'idée : le sujet, alors même qu'il est guéri ou amélioré, se croit encore aussi malade que par le passé ; il faut savoir le convaincre, lui faire toucher du doigt le progrès réellement accompli.

n'a qu'à se rappeler ses propres observations. Alors même qu'il lui semblait que la passion seule régnait sur lui sans conteste, qu'il n'y avait en lui qu'une volonté, tout entière d'accord avec cette passion, ne lui est-il pas arrivé bien souvent, — le plus souvent —, de sentir tout au fond de lui-même une autre volonté toute contraire, celle de résister, de rétablir en lui le calme et la raison ? Volonté momentanément obscurcie, à peine consciente, mais toute prête à se manifester plus clairement, dès que la passion aurait jeté son premier feu. Or, cette volonté favorable suffit, si faible qu'on la suppose ; car une tactique habile et tenace pourra la fortifier au point qu'elle finisse par contrebalancer la passion dominatrice, puis par en triompher à son tour.

Comme corollaire à ces remarques théoriques, nous établirons ces quelques règles pratiques ?

1° Soumettre en tous temps à une surveillance attentive, s'efforcer de réprimer aussitôt, pour peu qu'ils semblent prendre une certaine intensité, nos sentiments, émotions, passions, et cela, quelques légitimes qu'ils paraissent. On se complaît dans des souvenirs, des regrets. On croit pouvoir s'arrêter à son gré ; puis, sans qu'on s'en soit aperçu, un moment vient où l'on sent qu'on n'est plus le maître, où l'on se trouve entraîné. En règle générale, il ne sera jamais trop tôt pour intervenir.

2° Ne jamais abdiquer la lutte, alors même qu'elle semble impossible ; ne jamais désespérer, alors même qu'on n'espère plus.

Cependant, si la réaction immédiate et énergique semble impossible, laisser à la passion libre cours quelque temps, — le moins longtemps possible —, de façon à lui faire perdre une partie de sa violence première. Ce ne sera pas, de notre part, soumission par lâcheté, mais retraite prudente qui nous permettra de concentrer nos forces, qui présagera et préparera l'offensive. Nous nous résignerons à permettre ce que nous ne pouvons empêcher, mais en nous attachant à protester en nous-mêmes et à réagir, d'abord timidement, contre la contrainte qui nous est imposée, en nous promettant une intervention plus ouverte, dès que nous sentirons les chances moins inégales. Si même nous devons finir par succomber, notre défaite n'aura pas été aussi complète ; nous aurons été entraînés moins vite et moins loin ; nous aurons puisé dans notre résistance l'espoir d'une prochaine revanche.

3° Prendre garde seulement que ces renoncements apparents à la lutte ne nous conduisent pas à des renoncements réels. Nous défier des compromissions, des mensonges auxquels nous sommes trop enclins envers nous-mêmes. Tel le paresseux qui, pour cesser son travail, se fait croire qu'il travaillera mieux le lendemain, sachant fort bien, au fond de lui, qu'il n'en fera pas plus demain qu'aujourd'hui.

4° De même, si analyser ses sentiments, c'est déjà, bien souvent, atténuer beaucoup leur intensité, les refroidir, en quelque sorte, au contact de la raison, prendre garde cependant que cet examen de conscience ne soit pour nous un prétexte, plus ou moins nettement avoué, à retenir notre attention sur des sujets dont elle devrait se détourner. Aussi, dans bien des cas, le meilleur parti à prendre sera-t-il encore le refus de tout examen, de toute discussion avec soi-même, la négation pure et simple du sentiment dont on veut se défaire, l'affirmation de celui qu'on veut déposer en soi, en un mot la suggestion nette, franche, impérative, brutale même. La ligne de conduite variera donc suivant les circonstances : ce sera là une question de tact, de doigté personnel, que chacun, une fois prévenu, acquerra par habitude [1].

Les résultats obtenus par l'auto-suggestion dans cette thérapeutique passionnelle ne sont d'ailleurs qu'un écho très affaibli de ceux que donne l'hétéro-suggestion. Si le traitement du corps par l'esprit rencontre encore bien des incrédulités, il n'est douteux pour personne que les affections de l'esprit ne sont guère justiciables que d'une thérapeutique psychique.

Mais ici on se bute à une autre difficulté. Les esprits sont encore peu faits à l'idée d'une telle thérapeutique ; la croyance commune est que les passions doivent être raisonnées, redressées peu à peu; on comprend mal la possibilité et la légitimité d'une action plus directe et plus puissante. Et pourtant, si, en notre conscience, nous jugeons bien délibérément tel sentiment, telle passion pernicieuse pour nous, quoi de plus juste et de plus naturel que d'essayer de nous en défaire par les voies les plus rapides ? Aussi qu'arrive-t-il trop souvent ? Tant qu'il se sent capable de résister encore, si peu que ce soit, le sujet s'attache obstinément à cette sorte

1. Tout ce qui vient d'être dit s'appliquerait aussi bien à tout autre phénomène, physique ou moral. Le lecteur fera de lui-même cette application.

de pudeur irraisonnée qui le retient de s'ouvrir à un étranger, de laisser « profaner son sanctuaire moral » ! C'est seulement lorsqu'il se sent à bout de forces que l'instinct de la conservation réapparaît ; il comprend que toute passion (suivant l'étymologie même du mot)[1] est une vraie maladie de l'âme, et peut et doit être traitée comme telle. Nous avons eu déjà nous-même l'occasion de soigner ainsi deux sujets atteints du « mal d'aimer », qui, chez l'un d'entre eux, avait même enfanté des idées de meurtre et de suicide. Chez celui-ci, fait qui n'est paradoxal qu'en apparence, la guérison fut obtenue plus rapidement, en une huitaine de jours. L'autre, au bout d'une quinzaine environ, se sentit suffisamment retrempé pour parachever lui-même sa cure.

Volonté. — La volonté habituelle s'est naturellement trouvée accrue, dans tous les cas, du fait de l'auto-suggestion. C'est là, du reste, un fait qui a été suffisamment établi précédemment.

Une remarque qu'il est pourtant intéressant

1. De *pati*, souffrir.

de faire, c'est que la seule suggestion de volonté, donnée par soi-même ou reçue d'autrui, se traduit par une augmentation réelle de la puissance du vouloir. Parmi les mots que nous employons le plus couramment, n'en est-il pas beaucoup, dont nous comprenons parfaitement le sens, et dont nous serions néanmoins fort embarrassés de donner la définition exacte? De même dans le cas présent, il ne sera pas besoin, pour interpréter la suggestion, que l'esprit sache analyser le mécanisme psychologique de la volonté.

Travail, etc. — D. — J'essaie d'isoler ma pensée sur mon seul travail aux dépens de toute la vie extérieure. Je remarque à la fin de l'après-midi que mon temps a été employé bien mieux qu'à l'ordinaire.

Exemple d'auto-suggestion active qui pourrait sembler presque banal; car il est évident que toute distraction, toute défiance de soi-même rendent le travail moins fécond. Cependant, si le sujet a cru devoir le noter, c'est sans doute qu'il a voulu marquer qu'avant d'être initié à l'auto-suggestion, il n'aurait pas songé à manier ainsi son attention, et ne l'aurait pas maniée aussi bien.

— *Obs. pers.* — Pour ma part, j'ai souvent fait l'observation suivante. Je me suggérais de travailler facilement et avec pleine confiance, d'y concentrer toute mon attention, de trouver et de déduire sans peine mes idées, etc. Puis je me mettais au travail, oubliant (ainsi qu'il a été dit) la suggestion donnée. Au bout d'un certain temps (lorsque celle-ci avait achevé de produire son effet dans l'esprit), je la sentais revenir à ma mémoire, et je constatais que mon temps avait été en effet bien mieux employé qu'avant la suggestion.

Les résultats ont été si frappants et se sont répétés si souvent que j'ai dû naturellement admettre la relation de cause à effet sur laquelle, à mes premiers essais, j'avais eu quelques doutes. Je ne prétends certes pas y réussir toujours. Mais actuellement, même lorsque je n'y réussis pas tout de suite, je me dis qu'il n'y a là qu'une affaire de *quantité* de suggestions ; et je m'attache à les répéter suffisamment, jusqu'à ce que je sente, à un certain moment, que la résistance commence à céder, que l'esprit s'est laissé *entamer* par la suggestion. Ce premier résultat obtenu, je ne m'arrête pas cependant, et malgré l'impatience que j'éprouve de me remettre immédiatement à la tâche, m'y sentant mieux préparé, je m'impose de continuer la suggestion jusqu'à ce qu'elle se soit mieux précisée encore, convaincu que cette suggestion préliminaire aura pour résultat un travail meilleur et une économie de temps très certaine.

— C. de Lagrave cite de lui-même des observations du même genre :

« L'auto-suggestion d'écrire et d'avoir des idées est celle que je me suis donnée le plus souvent. C'est celle qui pour moi est la plus probante. Souvent je me suis mis à ma table de travail sans m'être donné cette auto-suggestion. Au bout de dix minutes j'étais à court et obligé de faire autre chose. Quand cette auto-suggestion était bien faite, je pouvais accomplir un travail que je constatais. La valeur du travail n'est pas en question, mais le travail existait ».

— Un de mes sujets, commerçant, s'est suggéré à plusieurs reprises, avant d'aller voir ses clients, de bien réussir dans les affaires qu'il devait négocier avec eux. Or, fréquemment, dit-il, la suggestion fut suivie du résultat désiré.

Ainsi résumée, l'observation peut sembler singulière. Elle n'a rien cependant que de très naturel. Une suggestion, quelle qu'elle soit, étant déposée dans l'esprit, l'organisme s'y adapte de son mieux pour en amener la réalisation. Dans le cas actuel, par la suggestion : je réussirai, le sujet s'est inconsciemment donné plus de confiance en lui — et la confiance n'est-elle pas déjà la moitié du succès ? — il s'est rendu plus adroit, plus persuasif. Quoi d'étonnant si, dans ces conditions, le succès désiré s'est produit en effet?

Obs. pers. — Il m'est arrivé d'agir de même pour ma *mémoire*, et de mieux retenir ce que je voulais apprendre, par suggestion préalablement donnée.

— Observation de Coste de Lagrave : « Je chante mal ; je pratique l'auto-suggestion de chanter avec goût, de faire plaisir aux personnes qui m'entourent ; je reçois des compliments pour la première fois de ma vie. »

— Chez A. B. F. Suggestions de se montrer gai, animé, d'être causeur agréable, de trouver aisément des sujets de conversation et de plaisanteries, etc.

Je le répète : ces observations qui peuvent aisément fournir matière à raillerie, ne sont, en réalité, nullement extraordinaires pour qui connaît et comprend bien les lois de l'auto-suggestion. Elles le deviennent bien moins encore, si on considère les résultats fournis par l'hétéro-suggestion. Tous ceux qui ont traité par la psychothérapie des cas d'hystérie ou de neurasthénie plus ou moins graves, avec dépression morale, phobies de toute nature, troubles de la mémoire, troubles de l'intelligence, quels qu'ils soient (idées confuses, difficulté ou impossibilité de lire, d'écrire, oubli de l'orthographe, etc.), ont été frappés des améliorations, parfois extrêmement rapides, obtenues, — et cela, contrairement au préjugé courant, sans aucune réaction fâcheuse. Les individus non nerveux, mais dont la faculté de travail se trouve momentanément affaiblie, tireront, eux aussi, et à plus forte raison, grand bénéfice du traitement suggestif.

HABITUDE DE FUMER

— *Obs. pers.* — Ayant été atteint [illegible]ivement de plusieurs angines, j'avais essayé de me débarrasser de l'habitude de fumer, mais sans succès. En disciplinant ma volonté par l'usage régulier de l'auto-suggestion, j'y suis parvenu rapidement, et le succès obtenu s'est maintenu depuis plusieurs mois. Actuellement, je n'ai même plus (ou à peine, par instants) l'idée de fumer. J'ajouterai que le désir de fournir à ce travail une observation que je pensais intéressante, n'a pas été étranger à cette prompte réussite.

Si je fais cette remarque, c'est qu'elle me fournit l'occasion de répondre à une objection qui m'a parfois été faite, touchant la valeur de mes observations personnelles; elles ne pouvaient, disait-on, entrer en ligne de compte, la volonté s'y trouvant « faussée » par l'existence même de ce désir. Cette objection prouve seulement combien sont erronées les idées courantes sur la volonté. Quiconque veut apprendre à vouloir, a non seulement le droit, mais l'obligation d'apprendre à manier les états affectifs de toute nature, sentiments, émotions, etc.

En parallèle avec cette observation, nous placerons les observations de dipsomanie, tabacomie, morphinomanie traitées par suggestion.

INSOMNIE

L'insomnie est un des troubles que le médecin est le plus souvent appelé à combattre ; elle constitue, en effet, pour les malades qui en souffrent un phénomène extrêmement pénible. L'importance du sommeil pour le bon fonctionnement de notre organisme ne saurait d'ailleurs être exagérée ; la place qu'il occupe dans notre existence (un tiers de celle-ci, au moins, chez presque tous les sujets) suffit pour en témoigner amplement.

Mais, ici encore, la simplicité du mot est trompeuse. Sous cette dénomination commune d'insomnie, on catalogue en réalité toutes sortes de troubles fort différents les uns des autres.

Ainsi il y a des sujets chez lesquels la durée moyenne du sommeil est sensiblement inférieure à la normale : ces sujets ne dorment jamais, en effet, plus de trois, quatre, cinq heures par nuit. Or, ils trouvent cependant dans ce sommeil ainsi raccourci un repos amplement suffisant. Ce sont d'ordinaire des individus d'activité plutôt exagérée, et l'insomnie n'est elle-même qu'un symptôme de cette hyper-activité. Leur esprit s'accommode mal d'une inaction trop longue; mais en revanche, habitués à transformer rapidement l'idée en fait, ils savent se reposer beaucoup en peu de temps; ils savent, pourrait-on dire, *dormir vite*.

Ce n'est pas là le cas le plus fréquent; en général, un sommeil non assez prolongé laisse après lui une sensation plus ou moins vive et persistante de fatigue.

Dans bien des cas, ce n'est pas une privation, mais un trouble quelconque du sommeil. Tantôt, c'est surtout une difficulté pour l'entrée en sommeil : le malade a la pensée occupée à cent sujets divers; il se retourne en tous sens, change sans cesse de position, allume sa bougie, pour reprendre une lecture ennuyeuse, use en un mot de tous les artifices pour trouver le sommeil qui s'obstine à le fuir. Tantôt le sommeil s'étend à la nuit tout entière; mais il est coupé par des réveils, très courts, mais extrêmement fréquents, qui donnent au malade l'idée qu'il ne dort pas; il entend chaque nuit, dit-il, sonner toutes les heures. D'autres fois, ce sont des rêves incessants, pénibles ou effrayants. « Les rêves, dit d'ailleurs fort justement, à ce propos, Levillain [1], paraissent déjà par eux-mêmes constituer une forme pathologique du sommeil. Certains individus bien constitués, vigoureux et sains, beaucoup de paysans, ne rêvent jamais. C'est assurément l'état idéal du sommeil, c'est-à-dire de l'oubli et de l'inactivité cérébrale». Tel sujet encore se plaindra d'insomnie, alors qu'on lui soutient autour de lui qu'il dort d'un excellent sommeil; et des deux côtés on est dans le vrai : il dort, en effet, mais d'un sommeil incomplet, agité, qui ne lui donne pas la sensation du repos. Chez les neurasthéniques, on observe souvent une contradiction de même ordre. Interrogez-les superficiellement; ils vous diront dormir fort bien; ils dorment, en effet, d'un sommeil tellement profond qu'ils ne gardent aucun sou-

1. Levillain, *La neurasthénie*.

venir de leurs rêves. Mais poussez-les un peu : vous apprendrez que ce sommeil ne les délasse nullement : ils sont étonnés de se trouver, au réveil, beaucoup plus fatigués que la veille en se couchant. S'ils dorment bien, ils reposent mal.

A tous ces troubles si variés, on oppose en général une thérapeutique uniforme, et, en première ligne, les médicaments dits calmants ou hypnotiques, opium, chloral, sulfonal, chloralose, etc. L'efficacité de ces médicaments est incontestable; mais ils présentent certains inconvénients qui ne le sont guère moins. Tout d'abord, ils n'agissent pas seulement sur le phénomène sommeil, en sorte que, s'ils font cesser ou s'ils diminuent l'insomnie, ils laissent souvent à leur suite, par compensation, des malaises divers, céphalée, vague des idées, lourdeur, etc. Chez le sujet atteint d'affection du cœur, ils peuvent exercer une action néfaste sur cet organe, etc. Pour les mêmes raisons, et aussi, par crainte de l'accoutumance, leur usage ne saurait être continué longtemps sans péril. Enfin, chez les névropathes, et, d'une façon plus générale, dans le cas d'insomnie habituelle, celui que nous avons surtout en vue en ce moment, le reproche le plus grave qu'on puisse leur faire est de n'avoir qu'une efficacité souvent extrêmement incertaine, ou tout à fait passagère. « Les troubles du sommeil des neurasthéniques, dit l'auteur déjà cité, sont souvent très rebelles, particulièrement aux médicaments dits hypnotiques. »

La supériorité de la méthode suggestive ne nous paraît pas, ici, pouvoir être niée. On peut l'exprimer dans cette seule phrase : C'est une médication *intelligente*. Elle peut être réglée, dirigée, rigoureusement dosée au gré du médecin et du malade. Elle localise expressément son action au seul symptôme insomnie sans risque de retentissement fâcheux sur aucun autre point de l'organisme. Bien mieux : elle sait, non seulement provoquer le sommeil, mais imprimer à celui-ci la modalité désirée : disparition des troubles qui gênent l'entrée en sommeil, cessation ou modification des rêves, suppression des réveils pendant la nuit, de l'agitation, de la fatigue, repos parfait de corps et d'esprit au matin, etc. J'ajouterai que, dans presque tous les cas où je l'ai employée, je l'ai vue déterminer une amélioration rapide qui, le plus souvent, s'est maintenue longtemps après le traitement achevé. Il n'est pas besoin, pour obtenir ces résultats, de la suggestion avec hypnose profonde, celle-ci étant d'ailleurs habituellement impossible ou fort difficile à réaliser chez les névropathes ou neurasthéniques. La suggestion peut tout aussi bien s'exercer à l'état de somnolence légère ou même de veille complète. Au reste, chez un malade qui se plaint d'insomnie, il suffit fréquemment de la seule affirmation de sommeil jetée naturellement, négligemment, par le médecin dans le courant de la conversation, pour produire en effet le sommeil désiré ; et la suggestion est d'autant plus efficace, en pareil cas, que le sujet, nullement mis en défiance, ne se tient pas sur ses gardes, et ne songe même pas qu'on ait eu l'intention d'agir sur lui. C'est là un fait que j'ai bien souvent vérifié et dont on peut aisément contrôler l'exactitude.

Une hygiène préparatrice du sommeil sera le complément obligé de cette thérapeutique. Cette hygiène visera, naturellement, surtout les heures qui précèdent le coucher, c'est-à-dire le repas du soir et les heures consécutives. Elle doit, nous semble-t-il, s'inspirer de deux principes essentiels :

1° Faire en sorte que l'esprit, le moment de s'endormir venu, puisse se concentrer suffisamment pour se suggérer sans peine le sommeil. Eviter, par conséquent, et les causes d'atonie et les causes d'excitation exagérée qui, toutes deux, par des mécanismes opposés, concourraient à un résultat identique : difficulté ou impossibilité de la concentration psychique. Une même cause étant donnée, elle pourra donc agir en bien ou en mal suivant les tempéraments. Ainsi nous avons remarqué que le thé, le café qui passent en général, et à juste titre, pour provoquer l'insomnie, peuvent pourtant, à doses modérées, exercer parfois une influence favorable sur le sommeil chez les sujets d'esprit un peu mou et flottant. Grâce à eux, en effet, l'esprit retrouve la tonicité qui lui manquait, et, dès lors, il réussit à se dégager des idées et impressions multiples par lesquelles il se laissait distraire, sans même essayer de réagir, de l'idée de sommeil.

2° S'arranger pour que l'idée ou impression dominante dans l'esprit (ce qui est tout un, l'impression n'étant qu'une idée imparfaitement précisée), au moment de l'entrée en sommeil, ne soit pas triste, désagréable, pénible. On vient d'accomplir une marche, une course prolongée. On cède, sans attendre, à la fatigue : on se réveille plus fatigué qu'au moment de s'endormir. Reste-t-on au contraire quelques instants à se reposer avant de se livrer au sommeil ? On trouve dans celui-ci un délassement parfait. Ainsi, on recommandera de ne pas s'endormir aussitôt le repas du soir achevé, sous l'impression de lourdeur qu'il détermine ; au besoin chez les personnes de digestion un peu difficile, on veillera à ce que ce repas soit extrêmement léger. De même chez les individus un peu excités, on prescrira une marche plus ou moins longue, qui servira, en quelque sorte, de contrepoids à cette excitation et amènera tout naturellement à l'idée de repos. Tel sujet se trouvera bien des distractions, soirées, théâtre, etc. Chez tel autre, ces mêmes distractions, tout en procurant un vif plaisir, et pour cette raison même, seront une cause de fatigue, d'énervement exagérés qui retentiront fâcheusement sur le sommeil : on conseillera alors des plaisirs moins aigus, plus tranquilles, lectures, causeries, etc., qui donneront à l'esprit à la fois la sédation et le stimulant léger dont il sent le besoin.

Voici maintenant quelques faits d'insomnie traités par auto-suggestion.

A. — Pour la première fois, je cherche à isoler ma pensée, à me recueillir. Je m'endors depuis quelque temps très difficilement, l'esprit inquiet, préoccupé. Ce soir, par cet exercice, tout ennui disparait bien vite; c'est autour de moi une sorte de bourdonnement confus, un bruit vague fait de riens, et je m'endors très rapidement.

Le lendemain, observation semblable. Je m'endors encore bien plus facilement que d'habitude : l'état de recueillement auquel je m'oblige m'a amené, sans que je m'en aperçoive, au sommeil complet.

Depuis lors j'ai réussi à maintenir l'amélioration obtenue. J'ai eu cependant une nouvelle période de deux à trois semaines de sommeil difficile et troublé, à la suite de préoccupations vives.

L'auto-suggestion, d'abord inefficace, a peu à peu rétabli le sommeil d'une façon satisfaisante.

Comme le sujet l'indique lui-même, les premières auto-suggestions ont été faites presque aussitôt après avoir reçu de moi des explications générales sur la manière de procéder. On peut donc attribuer une part du succès à l'hétéro-suggestion, du moins pour les premiers résultats obtenus. L'auto-suggestion garde toujours ce mérite pour elle, d'avoir su localiser la suggestion générale qui lui était fournie.

B. — Préoccupé le soir, je m'endors cependant; mais je me réveille à trois heures du matin, avec cette préoccupation qui reparait en même temps, m'agite et me semble rendre réellement le sommeil impossible. J'essaye d'abord d'écarter cette préoccupation en la niant et de me suggérer le sommeil. Mais je ne puis me tenir longtemps à cette pensée de calme et de repos ; et mon esprit revient presque aussitôt à ses préoccupations. Peu à peu cependant, en continuant sans me lasser, j'arrive à me sentir plus calme. Je ne dors pas, mais je suis dans certain état de somnolence, de quiétude, où j'écarte sans grande peine ces ennuis et me sens reposer fort bien. Enfin je finis par m'endormir complètement à une heure que je ne saurai préciser, jusqu'au lendemain matin.

D. — A la suite d'ennuis, j'avais depuis quelque temps des rêves pénibles où ce qui s'était passé se reproduisait sans cesse. Par suggestion faite le soir, en me disant que le sommeil de la nuit ne serait troublé par aucun rêve, je suis arrivé en effet à m'en débarrasser et sans trop de peine.

Nous avons déjà noté d'autre part (chap. III) l'observation d'une auto-suggestion analogue, mais faite cette fois instinctivement.

F. — A la suite d'une grippe, légère cependant, je restais depuis lors assez longtemps avant de pouvoir m'endormir, et me réveillais deux ou trois fois chaque nuit ; les troubles duraient depuis huit jours environ ; j'ai mis à peu près le même temps à les faire disparaître par auto-suggestion.

Les faits analogues à celui qui est relaté dans cette observation sont très fréquents. On a vu au chapitre VII l'importance de cette loi générale : Tout phénomène nerveux a tendance à survivre à la cause qui l'a créé. Cette loi trouve nettement son application dans le cas présent. Une cause quelconque détermine l'insomnie, qu'il s'agisse de surmenage, d'excès, d'ennuis, ou encore d'une maladie aiguë, bronchite, grippe, fièvre typhoïde, etc. La cause de l'insomnie disparaît ; mais l'habitude de ne pas dormir persiste. La suggestion agira en créant peu à peu par sa répétition une habitude qui se substituera à l'habitude morbide.

Obs. pers. — Sur moi-même, je n'ai pas toujours réussi, mais souvent, en cas d'insomnie passagère, à produire le sommeil. J'agissais, soit par suggestion faite sur le moment, soit, quand cela était possible, par suggestion à distance, faite le matin par exemple, pour le sommeil du soir. Ce dernier mode d'action s'est généralement montré plus aisément efficace, ce qui se comprend sans peine ; car, en pareil cas, la suggestion agit, pour ainsi dire, sur terrain libre : elle n'est pas placée sous l'influence même du phénomène qu'elle se propose de combattre. — Souvent aussi, en m'attachant à bien développer l'idée de repos, j'ai pu maintenir un état de recueillement ou de somnolence très légère, mais qui n'en procurait pas moins un repos très marqué.

J'ai déjà montré que le repos résultant du sommeil est loin d'être toujours en rapport avec la durée et profondeur de celui-ci. Il est important de se suggérer le sommeil, mais plus encore le repos.

Au reste je pourrais citer plusieurs personnes, nullement initiées à l'auto-suggestion qui ont eu d'elles-mêmes l'idée de la pratiquer pour discipliner leur sommeil rebelle. L'une d'elles me décrivait ainsi son procédé : « J'écarte doucement, patiemment, toutes les idées, tous les souvenirs, les sensations, qui m'assiègent ; je fais ainsi peu à peu place nette dans mon esprit et réussis enfin, de la sorte, à amener en moi le calme et le sommeil. » N'est-ce pas là la description même que nous avons donnée? Tous, tant que nous sommes, nous usons, pour nous endormir, de procédés qui montrent bien que nous avons la conscience de l'influence prépondérante de la pensée sur le sommeil. « Lecture ennuyeuse, récitation de formules dont la tête est ressassée, tous ces artifices dont sait user chacun de nous, n'ont-ils pas pour résultat, en imposant à l'esprit un aliment sans attrait, de conduire l'attention à s'immobiliser sur l'idée plus habituelle et plus agréable de s'endormir[1] ? » Hack Tuke met de

1. Liébeault, *Sommeil*.

même fort bien en évidence le rôle de l'attente : « On sait, dit-il, qu'il suffit à bien des gens d'attendre le sommeil pour qu'il vienne ; qu'à d'autres il suffit qu'ils soient pénétrés de l'idée que le sommeil ne viendra pas pour qu'ils restent dans l'insomnie pendant de longues heures. »

Enfin tous ceux qui ont pris du chloral, du sulfonal, etc., savent combien, en pareil cas, l'action de l'esprit se joint utilement à l'action médicamenteuse. A dose égale, le sommeil viendra plus assurément et plus vite si l'on cherche soi-même à s'endormir, si, par une véritable auto-suggestion, on se représente peu à peu les signes du sommeil pour que celui-ci se produise réellement [1].

---

1. Ces réflexions sur l'aide que peut fournir l'action de l'esprit aux médicaments hypnotiques sont de portée générale. Le médecin doit s'efforcer d'inspirer confiance au malade dans les médicaments qu'il lui prescrit. Mais le malade, de son côté, peut et doit agir dans le même sens. Agir ainsi, ce n'est pas se laisser tromper ou se tromper soi-même. C'est simplement connaître exactement la nature de notre esprit — et même, si l'on veut, sa faiblesse — et y adapter sagement notre manière d'agir. N'avons-nous pas tous observé, d'ailleurs, de ces autosuggestionnistes inconscients, qui, rebelles à tous les remèdes prescrits, ne guérissent que par ceux qu'ils ont appris d'autres malades, ou su imaginer eux-mêmes ?

— C. de Lagrave écrit ceci : « Le premier exercice à faire pour l'auto-suggestion est de s'apprendre à s'éveiller et à s'endormir à volonté. On arrive à s'endormir et à se réveiller facilement trois fois en une heure. »

J'ai déjà montré suffisamment que l'auto-suggestion était possible et donnait des résultats, quel que fût le degré de sommeil, et même à l'état de veille complète. J'ajouterai que ni sur les sujets qui se sont prêtés à mon observation, ni sur moi-même, je n'ai constaté cette facilité au sommeil provoqué. Cela ne veut pas dire qu'elle n'existe pas chez beaucoup d'autres. L'auteur a eu seulement, nous semble-t-il, le tort de généraliser son observation personnelle. Celle-ci n'en reste pas moins intéressante, car elle nous montre comment, tout en s'inspirant toujours des mêmes principes, l'auto-suggestion pourra s'adapter, avec des variantes nombreuses, aux différents tempéraments. On peut en rapprocher ce passage de Liébeault : « On rencontre beaucoup d'individus, dit cet auteur, qui s'endorment du sommeil ordinaire quand ils veulent et à n'importe quel moment de la journée, sans qu'ils y soient même portés par un besoin. Ils ressemblent en cela aux dormeurs artificiels, il n'y a de différence avec ces derniers qu'en ce qu'ils suggèrent de dormir au lieu de recevoir d'un autre la suggestion. »

Résumons maintenant tous ces faits et toute cette discussion : La thérapeutique du sommeil doit être une thérapeutique psychique. L'auto-suggestion exerce à cet égard la même action que l'hétéro-suggestion, bien que moins puissante et moins constante; le recueillement, du reste, n'est qu'un stade plus ou moins avancé du sommeil. On peut faire soi-même son éducation du sommeil; mais il importe non seulement de dormir, mais de savoir dormir.

DU RECUEILLEMENT

Nous nous sommes efforcé de donner au chapitre IV une description du recueillement aussi générale et impersonnelle que possible. De même que chacun a sa façon de s'endormir, la manière de se recueillir présentera des variations individuelles plus ou moins importantes. Nous relaterons seulement les observations de deux de nos sujets sur ce point.

C. — Je pratique l'auto-suggestion, soit le matin,

soit le soir avant de m'endormir, moment qui me paraît le plus propice. Fermant les yeux, je me laisse aller doucement à un état de demi-sommeil, de somnolence, écartant peu à peu toute pensée, toute réflexion, quelles qu'elles soient. Faisant alors passer dans mon esprit une idée qui tout à l'heure produisait sur moi une impression pénible, et qui maintenant me laisse insensible, je reconnais que c'est le moment psychologique pour pratiquer l'auto-suggestion.

A. — Le recueillement chez moi s'écrit de la façon suivante. Le soir (ce moment me paraît le plus favorable), à peine au lit, les jambes et les bras allongés sans force, complètement détendus comme l'esprit lui-même, je cherche à oublier que je pense. Tout bruit peu à peu s'efface autour de moi. J'ai très vaguement encore la conscience que ma pensée s'en va. Cela dure quelques minutes. Puis je sens autour de moi une sorte de vide ; ce silence complet se change alors en une sorte de bourdonnement indéfini, vague et berceur. Le véritable sommeil serait tout près de cet état.

C'est alors, à ce moment précis, que je me reprends tout à coup, portant ma pensée entière (dont je me sens le maître) sur l'idée que je veux me suggérer. — J'ai l'habitude d'aider la concentration de la pensée en mettant une des mains sur le front et les yeux.

DU SOMMEIL COMME MOYEN CURATEUR

Nous connaissons déjà l'auto-suggestion simple (contemplative ou verbale); le recueillement suivi d'auto-suggestion. Nous voulons ici appeler l'attention, en quelques mots, sur un procédé voisin des précédents, mais non confondu avec eux, et qui jusqu'ici a été à peine indiqué : c'est la suggestion brièvement faite, suivie de recueillement ou de sommeil.

Ce procédé, nous savons parfois le mettre en œuvre instinctivement. Les exemples n'en sont pas rares, et nous en avons cité quelques-uns : ainsi, on s'endort avec l'idée d'une leçon à apprendre, d'une douleur à calmer, d'un problème à résoudre, etc. Le sommeil de la nuit passe sur cette suggestion; au réveil, on est étonné de la trouver réalisée à souhait. Ce que nous faisons ainsi de nous-mêmes, il s'agit de penser à le faire de parti pris. Lors donc que la suggestion, malgré nos efforts, semblera se heurter à une résistance trop grande, le plus pratique sera souvent de renoncer à la lutte vraiment active, et d'user de cette tactique nouvelle. Sans plus insister sur la suggestion elle-même, on cherchera seulement à se recueillir, ou mieux, si on le peut, à s'endormir profondément, en un mot à faire le calme, la détente dans tout son être, et à se maintenir en ce même état pendant quelque temps. Les résultats obtenus par ce procédé seront souvent des plus satisfaisants [1].

Reste à expliquer quel en est le mode d'action. En cherchant ainsi à dormir, c'est-à-dire à ne penser à rien, à faire dans notre esprit le vide

1. Lorsqu'un phénomène morbide est très prédominant, la suggestion directe, loin d'en triompher, ne fait souvent qu'en augmenter l'intensité, en y appelant plus vigoureusement l'attention. C'est là un fait qu'on ne doit jamais perdre de vue dans la thérapeutique suggestive courante comme dans l'autosuggestive; car le traitement à instituer en découle. La règle doit être alors d'employer les procédés qui agissent comme dérivatifs de l'attention : c'est-à-dire indifférence, distraction (voir page 93), recueillement ou sommeil. Je citerai l'exemple d'une personne que je soignais dernièrement pour des phénomènes neurasthéniques et qui, malgré des suggestions répétées, se réveillait chaque matin régulièrement à 4 h. Voyant l'inutilité de la suggestion directe, je pris le parti d'employer une méthode tout opposée; je lui dis « que cela s'arrangerait tout seul », sans plus insister, et non seulement je cessai les suggestions à cet égard, mais je m'abstins même de l'interroger sur les troubles du sommeil. Au bout de quelques jours, elle m'apprit d'elle-même, incidemment, qu'elle dormait chaque jour jusqu'à 6 h., 6 h. 1/2. Et naturellement, je me gardai bien d'en montrer le moindre étonnement.

Rapprochez cependant de ceci, comme correctif, ce que nous disons page 190, 3°.

le plus parfait possible, nous atténuons en réalité peu à peu l'auto-suggestion inconsciente qui entretenait le phénomène morbide, nous faisons tomber la résistance qui empêchait la suggestion curatrice de se développer. Dès lors celle-ci va poursuivre sa route plus aisément sur ce terrain aplani, et aboutir, à notre insu, inconsciemment ou presque inconsciemment, à sa parfaite réalisation.

Je rapprocherai de ces faits l'observation suivante, qui m'a été communiquée par un médecin de mes amis; elle va nous montrer le même procédé s'appliquant, cette fois, à l'auto-suggestion en acte. « Lorsque je me trouve, me disait-il, en état de fatigue, de malaise, j'ai remarqué bien souvent que ce qui me réussissait le mieux, c'était, non pas de chercher à réagir (ce qui augmentait le mal), mais de me laisser parler, marcher, travailler, en en détournant mon attention, de laisser en un mot le cerveau faire automatiquement sa tâche. » L'auto-suggestion étant essentiellement l'art de manier l'attention, il s'agit bien ici encore, si l'on veut y réfléchir, d'auto-suggestion, mais négative, c'est-à-dire par retrait de l'attention. Comme le pianiste dont les doigts errent inconsciemment sur le piano, comme le bicycliste qui, pour aller à une allure plus régulière, laisse sa pensée flotter dans le vague, le sujet, en pareil cas, réalise sur lui-même, en quelque sorte, dans l'état de veille, un état de sommeil partiel. Une fois la première impulsion donnée, il fait de lui, de propos délibéré, une véritable automate obéissant à cette impulsion, comme le sujet endormi obéit aux ordres donnés par l'hypnotiseur.

TROUBLES DIVERS

Somnolence. — F. — Disparition en une huitaine de jours d'envies fréquentes de dormir, survenant à tout moment de la journée, et durant à peu près depuis le même laps de temps.

Il s'agit là d'un phénomène neurasthénique assez communément observé, dû à l'insuffisance du repos procuré par le sommeil de la nuit. Ce n'est, on le voit aisément, que la reproduction exagérée d'un phénomène habituel. L'hystérique, à son tour, présente parfois des troubles du même ordre, mais d'intensité infiniment plus grande, véritables *attaques* de sommeil ou apoplexie nerveuse.

Défaillances. — Une dame neurasthénique que j'avais traitée par suggestion, sujette à des malaises souvent extrêmement intenses (défaillances, étourdissements), m'a dit avoir à plusieurs reprises réussi à les faire avorter en songeant à temps à employer l'auto-suggestion.

« J'ai reconnu par ma propre expérience, dit Feuchtersleben, que l'homme peut conjurer une défaillance imminente, lorsque, se sentant seul et hors de la portée de tout secours, il comprend qu'il ne peut se manquer à lui-même, et qu'il fait appel à toute son énergie pour dominer son état de faiblesse. »

Enervement. — Chez E. F, états d'énervement, d'agitation, à la suite d'émotion morale, calmés par recueillement ou auto-suggestion.

Fatigue, courbature. — A. — Après une nuit mauvaise et une journée fatigante, grande lassitude vers cinq heures du soir, accompagnée de mal de cœur, envie de vomir, fatigue dans les jambes. Je me suggestionne en me fixant un but de promenade, et en me proposant d'être rétabli en arrivant à ce but ; et j'y réussis en effet.

Cette observation est assez intéressante en ce que la fatigue semble s'être accompagnée d'un état morbide assez marqué de l'estomac.

B. — Je sens en me couchant d'horribles courbatures aux articulations des épaules et des genoux, venant peut-être d'excès de travail ou d'une fatigue que je ne saurais préciser. Et, au moment de m'endormir, j'essaie de les faire disparaître. Lentement, pendant quelques minutes, je fais des frictions des doigts sur les parties douloureuses ; après avoir répété plusieurs fois cette opération, la douleur s'en va. D'aiguë, elle devient sourde, imprécise. Je cherche en vain la place exacte ; elle semble s'éloigner au fur et à mesure que mes doigts se rapprochent, et je m'endors à peu près guéri. Je m'étais obligé avant ce sommeil à me trouver le lendemain matin complètement guéri. En effet, dans la journée, le lendemain, tout avait disparu. Seulement, de temps à autre, une vague douleur passait quand je remuais un peu les bras, et disparaissait presque aussitôt.

Exemple d'auto-suggestion matérialisée (par des frictions), combinée avec le recueillement. Il s'agit là d'un de ces états de fatigue douloureuse, qu'on rencontre fréquemment chez les neurasthéniques, mais qui peuvent survenir accidentellement chez des sujets habituellement sains.

E. — Sommeil agité cette nuit. Au réveil, je me sens très fatigué d'esprit et courbaturé par tout le corps. J'essaie à plusieurs reprises successives l'auto-suggestion, qui est très difficile en raison de la fatigue de l'esprit. Cependant, peu à peu, j'arrive à sentir un moment où la suggestion se fait plus aisément; je parviens à diminuer la fatigue, et l'esprit s'éclaircit, mais ce n'est là, d'ailleurs, qu'une atténuation, et toute la journée, le malaise persiste, quoique moins accentué.

C. de Lagrave. — A la suite d'une dysenterie, je ne peux faire plus d'un kilomètre sans fatigue. Par auto-suggestion, je puis faire le lendemain sans fatigue huit kilomètres. C'est la première fois depuis un an que je faisais une telle marche.

Si l'auto-suggestion donne des résultats parfois très bons, parfois incomplets, ou même à peu près nuls, ceux fournis par l'hétéro-suggestion sont toujours extrêmement favorables, qu'il s'agisse de fatigue vraie survenue à la suite de travail ou d'excès, de fatigue nerveuse provoquée par les troubles du sommeil, les émotions morales, ou encore de cet état de fatigue douloureuse permanente, commun aux neurasthéniques. Une de mes observations les plus nettes à cet égard est celle que j'ai prise, il y a quelque temps, sur un de mes amis médecin, qui, jusque-là, n'avait jamais été suggestionné. Ayant été fortement surmené les jours précédents, il se sentait très courbaturé de corps et d'esprit, en fort mauvais état pour accomplir sa tâche journalière. Dix minutes de suggestion sans sommeil suffirent pour le rendre dispos et alerte pour tout le reste de la journée. Cette influence profondément calmante et bienfaisante du repos donné par la suggestion, il n'est pas un seul des sujets qui y sont soumis, qui ne la constate. Suivant l'heureuse expression qui m'en a été donnée, c'est une sorte « d'extrait concentré » de sommeil.

Parésie. — B. — Depuis le matin je sens le bras droit extrêmement fatigué et faible. Il m'est pénible de le soulever; et, quand je le remue, j'y éprouve comme des tiraillements. Je me suggère la disparition de cette faiblesse, en même temps que je passe plusieurs fois l'autre main sur tout le bras. Puis quand je le sens un peu plus fort, je m'exerce à le mouvoir en tous sens, en me disant de ne plus penser à cette fatigue. Et peu après je constate que tout a fort bien disparu.

Ces phénomènes de paralysie incomplète, localisée à un membre ou à plusieurs, s'observent souvent dans la neurasthénie. Ils ne vont jamais jusqu'à la paralysie absolue. Et cependant, entre ces « parésies » plus ou moins accentuées, et la paralysie totale des hystériques, il n'y a qu'une différence de modalité et d'intensité. Des deux côtés, l'élément primordial est l'élément psychique dont les troubles musculaires ne sont que le reflet.

Dérobement des jambes. — C. — Depuis trois mois j'éprouvais une faiblesse dans la jambe droite, que je ne savais à quoi attribuer, et qui me causait une assez grande gêne, en même temps qu'une certaine inquiétude. Tout à coup en marchant, je sentais cette jambe plier brusquement sous moi, ce qui me faisait trébucher. Je me suis guéri par l'auto-suggestion en quelques jours, et, depuis ce moment, cela ne m'est jamais revenu.

Ce dérobement des jambes est fréquent chez les nerveux : et j'ai remarqué qu'il était souvent pour les malades la cause de craintes vives, car il évoque immédiatement dans leur esprit la pensée d'une paralysie possible. L'observation qui vient d'être donnée n'en présente que plus d'intérêt à cet égard. En réalité il n'y a pas plus de paralysie dans ces cas que dans les phénomènes hystériques correspondants, reproduction très amplifiée des précédents, et qu'on désigne communément, depuis le travail de P. Blocq, sous le nom d'astasie-abasie. C'est une affection constituée, comme le nom l'indique, par l'impossibilité de se tenir debout et de marcher, avec conservation de tous les autres mouvements. Cette appellation commode a eu le tort, cependant, de faire croire à une affection univoque, et, depuis lors, la plupart des auteurs se sont beaucoup trop préoccupés d'en décrire diverses variétés de pure forme, qui n'ont qu'un intérêt tout à fait secondaire : variétés paralytique, choréiforme, ataxique, sautillante, etc... Se contenter du diagnostic astasie-abasie, c'est se satisfaire de mots. Le diagnostic à poser, en pareil cas, est par dessus tout un diagnostic psychique. Ainsi, chez l'un, il s'agira de douleurs nerveuses, purement psychiques, qui empêchent les mouvements de la marche : « il a remarqué que la marche et la station provoquent des impressions douloureuses, et alors, pour les éviter, il a résolu de ne plus marcher pendant une année [1] ». Chez un autre, ce sera « la crainte continuelle où il est de ne pouvoir marcher » et M. Huchard relate à ce propos l'intéressante observation suivante qui nous montre le même syndrome, pour ainsi

1. Axenfeld et Huchard, *Traité des névroses.*

dire décomplété. Il s'agissait d'un malade qui « ne pouvait marcher qu'à la condition d'avoir un point d'appui, si léger qu'il fût. Celui-ci était une sorte d'assurance morale contre la possibilité d'une chute, ainsi qu'on fait aux petits enfants qui commencent à marcher[1] ». — D'autres fois encore, ce sera une faiblesse réelle causée par un séjour plus ou moins prolongé au lit, mais exagérée par l'impressionnabilité du sujet, parfois aussi par les craintes manifestées inconsidérément par l'entourage ou même par le médecin[2].

Je le répète : l'étude de ce mécanisme psychique, variable avec chaque cas, est le point capital ; seule, elle permettra d'instituer un traitement vraiment rationnel : suggestion pour dissiper les douleurs, la faiblesse, etc., entraînement actif à l'état de veille qui agira à la fois en ren-

1. J'ai eu dans les hôpitaux l'occasion d'observer un fait de même ordre sur les sujets accoutumés à soulever de lourdes charges (porteurs aux Halles, etc.). Ceux-ci ont l'habitude de s'entourer le poignet d'un fort bracelet de cuir, large de plusieurs centimètres, qui sert de soutien à l'articulation et aux muscles. Or, chez beaucoup d'entre eux, ce large bracelet est remplacé par un très mince lacet, qui, lui aussi, joue simplement le rôle d'assurance morale.

2. V. encore thèse de Aimé, obs. XXX (due à M. Bernheim).

dant confiance au malade, et en faisant sa rééducation de la marche et de la station debout ; la guérison sera très souvent obtenue, et parfois très rapidement[1].

Crampes. — *Obs. pers.* — Assez sujet à des crampes douloureuses de la main droite, siégeant sur les muscles qui font mouvoir le petit doigt, j'ai très souvent réussi à dissiper ou à diminuer ces crampes par auto-suggestion, soit simple ou à l'état de recueillement, soit active, faite en même temps que je commençais à écrire. D'une façon générale, je les ai rendues progressivement beaucoup moins fréquentes et moins vives.

B. — Depuis deux jours je sens de fortes crampes dans les mollets qui me gênent pour la marche. Je me suggestionne une première fois en me recueillant de mon mieux, en faisant en même temps quelques passes de la main droite sur les parties douloureuses. La douleur diminue ; mais elle reparaît au bout d'une demi-heure ; obligé de sortir je me suggestionne pendant la marche en me disant que je ne souffre pas, que je ne sens pas de crampes, en tâchant de penser à autre chose. Au bout de quelque temps, en effet, je me sens bien mieux. Je garde cependant un engourdissement des mollets, me donnant à droite la sensation d'une sorte de

1. V. l'obs. relatée au chap. V.

barre. Le lendemain matin tout a disparu et rien ne s'est plus reproduit les jours suivants.

Spasmes des paupières. — D. — Depuis trente-six heures environ, j'avais des frémissements dans la paupière droite qui me gênaient pour tenir l'œil ouvert et s'accentuaient surtout lorsque je voulais fixer, ou par une lumière assez vive. Je me suis suggestionné cinq ou six fois dans la journée en même temps que je passais doucement les doigts de la main droite sur la paupière. La guérison était complète le soir même.

Il s'agit ici d'un de ces « spasmes locaux des muscles » (Beard) consistant « en des contractions brusques et plus ou moins fréquentes d'une portion de muscle ou d'un mussle isolé. On les observe assez fréquemment dans l'orbiculaire des paupières. On les trouve encore dans la face où elles pourraient faire penser à de véritables tics ; enfin on les rencontre dans les membres ou même dans les viscères ; certaines palpitations du cœur et certains spasmes de l'estomac sont de même ordre [1].

Tremblement. — F. — Tremblement de la main droite. Durait depuis deux mois environ quand le sujet songea à le traiter par auto-suggestion. Fut

1. Levillain, *Neurasthénie*.

amélioré à plusieurs reprises, puis définitivement guéri dans un laps de temps dont la durée n'est pas précisée.

Les tremblements névropathiques ne sont que l'exagération de phénomènes communs à tous les sujets. Un tremblement peut être provoqué par une émotion vive chez n'importe quel individu; mais chez les nerveux, il aura tendance à être conservé à l'état d'habitude plus ou moins persistante.

La suggestion agira souvent fort bien sur ces tremblements, parfois extrêmement rebelles aux médications courantes. Mais, ici encore, il faudra savoir varier les procédés. Chez l'un, on agira par suggestion verbale pure et simple. Pour un autre, on se trouvera mieux d'incarner la suggestion dans une pratique matérielle : friction, lien enserrant le poignet ou l'avant-bras, etc. Ou bien encore on fera écrire le malade devant soi en le tranquillisant, en lui donnant confiance, en lui répétant qu'il va parfaitement pouvoir écrire sans tremblement. Dans certains cas même, on le fera procéder à cet exercice, les yeux fermés et dans un état de sommeil plus ou moins profond. Nous nous souvenons d'avoir vu M. Bernheim opérer de cette façon dans un cas de tremblement particulièrement intense où la suggestion fit en même temps le diagnostic.

DOULEURS

Céphalée. — B. — Mal de tête extrêmement violent, mais rien qu'aux tempes et au front, avec battements. Guérison extrêmement rapide par auto-suggestion.

Le même sujet note quelques jours après :

Mal de tête depuis ce matin, mais fort différent, tête lourde, idées embrouillées, impossible d'appeler toute mon attention sur un sujet quelconque, surtout mal derrière la tête. Par suggestion, guérison par intermittences, le mal revient toutes les demi-heures, impossible de m'en débarrasser complètement ; à 7 heures du soir, je vais mieux, mais j'ai encore la tête lourde.

Ici comme dans bien des cas, l'auto-suggestion, bien que persévérante, n'a pas donné de résultats absolus, elle n'en a pas moins fourni une amélioration assez marquée et sans doute diminué la durée du mal. On retrouve d'ailleurs dans cette seconde observation tous les caractères de la céphalée neurasthénique typique. Or, l'état intellectuel dont s'accompagne cette céphalée explique sans peine les difficultés et la lenteur d'action de l'auto-suggestion en pareil cas. L'hétéro-suggestion, au contraire, calme ou atténue d'habitude ces phénomènes avec la plus grande aisance.

On donne communément, comme type classique de la céphalée neurasthénique, la céphalée dite *en casque* « d'après la comparaison ordinairement formulée par les malades». Avec M. Bernheim nous pensons que ce type s'observe beaucoup moins souvent qu'on ne le dit. Nous avons vu très rarement cette expression employée par les malades non encore soignés. Elle est fréquente, au contraire, chez les sujets déjà traités. Et cela se comprend : trop souvent, en effet, c'est le médecin qui, sans s'en douter, a créé, ou tout au moins localisé le symptôme par suggestion inconsciente. C'est là du reste une remarque importante qui peut être formulée à titre de règle générale. Le médecin devra se méfier, surtout chez les nerveux, de cette suggestion involontaire, et profondément pernicieuse, qu'il peut exercer ; ne pas chercher à serrer le malade de trop près dans ses questions ; le laisser parler de lui-même plutôt que demander d'une façon trop précise s'il ne présente pas tel ou tel phénomène, s'il ne souffre pas de tel endroit, etc.

Qu'arrive-t-il, en effet, en pareil cas ? L'esprit du sujet « travaille » inconsciemment sur les données qui lui sont ainsi fournies ; les moindres impressions sont recueillies, amplifiées par l'attention qui s'y porte ; et, en fin de compte, le médecin se trouvera avoir créé des symptômes nouveaux ou augmenté des troubles qui étaient restés jusque-là à peine sentis.

Même conduite chez un malade en cours de traitement ; on devra soigneusement se garder de rappeler à son souvenir les phénomènes déjà guéris ou en voie de guérison : sans quoi on risquerait de les faire reparaître, ou de leur donner une intensité nouvelle.

C. — Vers les 2 heures, après avoir appris une mauvaise nouvelle, je ressens un mal de tête très marqué au front avec lassitude dans les jambes et dans les bras, douleur obscure dans tout le corps, vague dans les idées. Après des tentatives répétées, cela se dissipe vers la fin de l'après-midi.

Ici encore, par les caractères qu'elle présente, il s'agit bien d'une céphalée neurasthénique, malgré le siège au front.

D. — M'étant levé tôt ce matin et fatigué plus qu'à l'habitude, je me sens vers onze heures très las, la tête lourde et chaude, l'esprit comme vide, des douleurs dans le dos et dans les épaules. A midi je mange sans appétit. Tout mon malaise s'accentue encore après le repas. Aussi je n'éprouve pas de peine à me mettre en état de sommeil assez prononcé, mais sans pouvoir concentrer mon attention. Je m'attache simplement à me reposer, à écarter toute pensée, à détendre peu à peu mes membres, mon corps, ma tête même. Au bout de vingt-cinq minutes environ, me sentant plus reposé, je commence à me suggestionner, d'abord dans le même état, puis en faisant quelques pas et en faisant en même temps effort sur moi pour me remonter. Enfin je me mets au travail en tâchant de me concentrer tout entier sur lui. Quelques moments après, je constate que le mal de tête et la lassitude ont disparu. J'éprouve seulement encore une douleur dans le dos, mais beaucoup plus vague.

Il faut relever ici : 1° l'utilisation pour le recueillement de la tendance au sommeil consécutive à l'ingestion des aliments; 2° la succession fort bien notée des différents temps de la suggestion : recueillement pur et simple, auto-suggestion idéative, combinaison de celle-ci avec l'auto-suggestion en acte, auto-suggestion active. A mesure qu'on avancera dans l'étude de l'auto-suggestion, on apprendra à varier ses procédés, et l'on comprendra mieux la nécessité de le faire.

De même que l'organisme s'habitue aux médicaments, l'esprit s'habitue, lui aussi, à une méthode trop longtemps employée. En sachant changer à propos, on ravivera l'attention par l'attrait même de la nouveauté. Pendant ce temps, l'accoutumance pour le premier procédé se sera atténuée ou effacée, et l'on pourra y avoir recours avec de nouvelles chances de succès.

E. — Depuis deux heures environ, point douloureux sur le dessus de la tête avec chaleur ; les cheveux mêmes me paraissent sensibles quand je les touche. Il ne m'a pas fallu plus d'un quart d'heure d'auto-suggestion pour faire disparaître cette douleur, et en même temps, pour éclaircir les idées qui étaient assez confuses.

La cause n'est pas indiquée. Cette variété de céphalée s'observe communément chez les neurasthéniques ; elle est fréquente aussi chez les gens habituellement sains, à la suite de surmenage intellectuel, excès, etc.

F. — Espèce de névralgie complète de la face m'empêchant de parler comme je le voulais ; la mâchoire était comme paralysée. Je l'attribue au froid très vif qu'il faisait ce matin-là. Elle a débuté brusquement chez une personne que je visitais, et je sentais parfaitement que je faisais des grimaces en parlant ; je ne pouvais arriver à dire une phrase tout d'une haleine. En sortant, la douleur était devenue plus vive : je commençais à être inquiet; c'est alors que j'ai pensé à me suggestionner. Un certain temps après, j'ai constaté une amélioration notable. Après une demi-heure, la douleur a recommencé ; nouvelle auto-suggestion qui réussit comme la première fois. Puis la douleur revient, moins forte cette fois ; au bout de quatre ou cinq auto-suggestions, je parviens enfin à me débarrasser complètement.

Chez un sujet neurasthénique ou passagèrement neurasthénisé, toute sensation non perçue ou à peine perçue par le sujet sain, devient aisément une sensation douloureuse. C'est ainsi que semble avoir agi le froid dans cette observation. Ainsi s'expliquent encore, pensons-nous, les formes spéciales de céphalée observées dans la neurasthénie : c'est la pression du chapeau qui détermine ces sensations si variées d'étau circulaire, de cercle de fer, de casque, de calotte de plomb, accusées par les malades. De même, nous avons vu parfois des troubles gastriques très prononcés, consécutifs à la simple pression exercée sur l'épigastre par un bouton, par des vêtements trop serrés, par le rebord d'une table pendant le travail, etc.

En un mot, chez un sujet en état de moindre

résistance psychique, toute impression est susceptible d'être énormément grossie par l'auto-suggestion inconsciente. Suivant que la douleur se localisera plus ou moins nettement sur une articulation, sur les muscles, les nerfs, sur tel ou tel organe, on en décrira toutes sortes de variétés : rhumatisme ou arthralgie, douleur musculaire ou myalgie, nerveuse ou névralgie, gastralgie, pleurodynie, etc. Mais dans tous ces cas, partout et toujours, on retrouvera comme élément essentiel, générateur de la douleur, l'élément psychique.

Ces données bien établies, on trouve moins singulière l'action parfois si merveilleusement efficace et rapide du traitement suggestif contre des douleurs, des névralgies qui s'éternisaient depuis des semaines, rebelles à toutes les médications. Ici encore, évidemment, on se heurte à bien des incrédulités. Cependant les faits sont là, journellement constatés par tous ceux qui s'occupent de suggestion. Et la théorie démontre que ces succès n'ont rien que de rationnel : en pareil cas, en effet, la médication psychique s'attaque non pas au symptôme, mais à la cause elle-même.

Nous ajouterons encore : ce ne sont pas seulement les douleurs des sujets dits nerveux qui sont justiciables de la psychothérapie[1]. Le sujet, le moins nerveux d'apparence, peut présenter un nervosisme local, un *point faible*, suivant l'expression vulgaire. Dans ce cas encore, la suggestion interviendra avec succès ; bien mieux, et contrairement à l'opinion courante, avec plus de succès que dans le cas précédent. Car chez le sujet nerveux foncièrement, le cerveau reste prêt à fabriquer, si l'on peut parler ainsi, toutes sortes de névralgies nouvelles, et c'est, non plus un symptôme isolé, mais une disposition fondamentale de l'esprit que la suggestion aura pour tâche de modifier.

Douleurs diverses. — A. — Douleur et agacement à la lèvre inférieure, lui donnant la sensation d'un bouton qui va percer ; il est assez sujet à ce phénomène. Disparition par auto-suggestion plusieurs fois répétée, en une heure.

C. — J'ai au côté gauche un point très douloureux, qui me fatigue beaucoup : je fais tout mon possible pour le faire disparaître et j'y arrive après quelques essais. Le mal revient au bout de quelques minutes ; je remarque que quand je pense à le faire disparaître, il disparaît, puis revient dès

1. P. E. Lévy. — Sur la délimitation du nervosisme, à propos de l'élément douleur. — *Communication à la Soc. de Psychol.*, Juillet 1901.

que mon esprit ne s'y porte plus, et cela pendant au moins un quart d'heure. Je me remets alors avec le plus d'ardeur possible au travail, et quelque temps après je remarque que le mal a complètement disparu.

Cette observation ne permet pas de préciser la cause du point de côté ; en revanche elle montre très nettement le rôle de la suggestion curative.

D. — Douleur très vive au côté gauche, depuis plusieurs heures, disparue en peu de temps, en me répétant que je ne souffre plus, et en laissant en même temps la main droite appliquée sur l'endroit douloureux.

J'ai dissipé plusieurs fois sur moi-même des douleurs de côté, parfois assez aiguës, bien qu'elles parussent, dans certains cas, très nettement liées à un état de distension de l'estomac.

B. — Point entre les épaules complètement disparu par auto-suggestion.

— Douleur très vive au réveil, en arrière de l'épaule gauche ; elle augmente beaucoup quand je respire et quand je me remue. Malgré la souffrance, je me suggère, en me concentrant le plus possible sur cette idée, que je ne souffre plus, je m'efforce de me figurer la douleur se répandant, se disséminant peu à peu dans les parties voisines. Je sens en effet la douleur s'atténuer beaucoup ; elle persiste, ainsi atténuée, presque toute la matinée, enfin s'efface totalement.

D. — Depuis deux semaines environ, je souffrais au-dessus du poignet droit, et cette douleur m'occasionnait quelque difficulté pour écrire. Au bout de ce temps seulement, je pense à me traiter par suggestion : la guérison est survenue en quelques jours.
— Guérison rapide d'une douleur dans les reins survenue à la suite d'un effort.

E. — Disparition d'une sensation de serrement à la partie supérieure du bras : le sujet s'est surtout suggéré « de ne plus y penser ».

Ce sera en effet, dans bien des cas, la meilleure méthode. On n'est bien guéri d'un trouble quelconque, douleur physique, passion morale, etc., que lorsqu'on l'a complètement oublié.

F. — Douleur sourde avec fatigue, en arrière de la cuisse droite, ressentie au réveil. Disparition presque instantanée.
— Douleur au genou droit durant depuis deux heures environ. Disparition très rapide.

Ces douleurs nerveuses siégeant dans les masses musculaires, les tendons, les jointures, rappellent tout à fait ce que l'on désigne habituellement sous le nom de douleurs rhumatismales : plus fréquentes chez les sujets âgés, mais pouvant s'observer à toute époque de la vie ; caractéristiques surtout en ce qu'elles « voyagent » sans cesse d'un point à l'autre, et aussi, en ce qu'elles sont extrêmement sensibles aux variations atmosphériques, faisant ainsi des malades de véritables baromètres, prédisant le beau temps, la pluie, la neige. Entre les unes et les autres, il n'y a pas de différence de nature. « Doit-on faire, dit M. Huchard, le diagnostic de la neurasthénie avec une forme de rhumatisme qu'on peut appeler le rhumatisme vague ou nerveux? Ce diagnostic devient plutôt un parallèle. Car nous avons la conviction que ces deux maladies se confondent presque toujours et qu'elles ne forment réellement qu'un seul et même état morbide. »

Même dans le rhumatisme chronique proprement dit, avec lésions articulaires et périarticulaires, craquements, etc., la suggestion, et sans doute l'auto-suggestion, ne seront pas inutiles. « Sans doute, dit M. Bernheim, en parlant d'une malade ainsi traitée, nous n'avons pas suggéré au gonflement périarticulaire de se résoudre, aux capsules cartilagineuses de se reconstituer à l'état normal, au tissu fibreux de reprendre sa souplesse, aux capillaires de se dégorger. Nous avons suggéré à la malade de ne plus ressentir de douleur et de mouvoir l'articulation dans tous les sens. La douleur étant supprimée, les mouvements articulaires paralysés par elle se sont restaurés progressivement ; les ligaments fibreux, par suite de ces mouvements, ont repris leur souplesse ; la synoviale, retrouvant ses alternatives de tension et de relâchement, a repris son élasticité et sécrété une synovie normale ; les surfaces cartilagineuses retrouvant leur frottement doux ont repris leur aspect lisse et poli ; les stases capillaires et l'engorgement des tissus dus à l'immobilisation ont été balayés par le travail mécanique activant la circulation ; les muscles amaigris se sont reconstitués par le retour de la contraction ; et ainsi, en quelques semaines, la restauration fonctionnelle a eu pour conséquence la restauration de l'organe. »

Odontalgie. — Nous avons cité d'autre part une intéressante observation de Hack Tuke prise sur lui-même. Le même auteur dit encore à ce propos : « Tout le monde sait que la crainte et l'imagination font disparaître d'une manière temporaire ou permanente un mal très ordinaire et très douloureux, le mal de dents. Cette influence est bien connue, non seulement du dentiste, mais de quiconque a besoin d'aller chez ce personnage redouté. On se plaît à croire que l'opération n'est point nécessaire; on se met à douter que la douleur soit après tout si pénible, et, en fin de compte, lorsqu'on est arrivé à la porte du dentiste, on se convainc qu'on en est entièrement débarrassé. Et il en est effectivement ainsi, du moins pour quelque temps. » Deux de mes sujets, et aussi une autre personne, qui n'a pas été comprise dans notre liste, car elle ne nous a fourni que ces seules observations, ont pu, à plusieurs reprises, calmer des maux de dents par auto-suggestion, ou encore, par suggestion faite sur le moment, ou mieux, à l'avance, diminuer beaucoup la douleur résultant des opérations dentaires. En diverses circonstances j'ai réussi sur moi-même de la façon la plus nette. L'observation qui m'a paru la plus caractéristique est la suivante :

Eprouvant une souffrance extrêmement vive au niveau d'une dent déjà traitée antérieurement, avec irradiation dans les dents voisines, congestion et lourdeur de la tête, et ne sachant s'il s'agissait d'une lésion réelle, ou d'une névralgie simple, je résolus d'essayer l'auto-suggestion, en me plaçant avec le plus de conviction possible dans l'hypothèse la plus favorable. Malgré l'intensité de la douleur, je parvins à la calmer très notablement, puis à la faire disparaître tout à fait. Elle reparut au bout d'une heure environ ; je m'efforçai de la calmer de nouveau dès son apparition en ne lui laissant, pour ainsi dire, pas le temps de se développer. Et ainsi de suite plusieurs fois. Le soir, ayant réussi à m'endormir, je fus réveillé par la douleur vers une heure du matin. Je parvins encore cependant à l'écarter peu à peu, et à amener, sinon le sommeil avec perte de conscience, du moins un état de repos et de calme que je maintins assez aisément et qui fut suivi, vers cinq heures, du sommeil complet. Le lendemain, le dentiste constata, sous le ciment enlevé, une inflammation de la pulpe dentaire.

Fourmillements. — D. — J'ai réussi à faire disparaître complètement par auto-suggestion, en quatre ou cinq jours, des démangeaisons qui duraient depuis une huitaine de jours, dans les trois doigts du milieu de la main droite, m'obligeaient même à me gratter fréquemment, et me réveillaient plusieurs fois par nuit.

« Les sensations de fourmillements, de picotements, de brûlures, de démangeaisons, sont des symptômes assez fréquents de la peau neurasthénique. Les sensations d'engourdissement et fourmillements sont surtout remarquables aux extrémités; elles peuvent, dans certains cas, être prises pour les prodromes menaçants d'une lésion cérébrale, et faire redouter une attaque de paralysie »[1]. Nous les avons vues parfois, jointes à la sensation de « doigt mort », à la céphalée, aux bourdonnements d'oreilles, aux troubles de la vue, etc., chez des sujets à artères dures, rendre le diagnostic malaisé avec une lésion interstitielle du rein, et d'autant mieux qu'ils s'accompagnaient d'un certain degré de polyurie nerveuse claire. Dans ces cas difficiles, la suggestion servira à la fois de moyen de diagnostic et de traitement.

TROUBLES OCULAIRES

E. — Ayant souvent la vue trouble et rapidement fatiguée, j'ai obtenu plusieurs fois une amélioration très nette par des suggestions plus ou moins répétées. J'ai remarqué que le changement se faisait si bien de lui-même, que ce n'est qu'après un certain temps que je me souvenais de l'action que j'avais exercée sur moi. Comme j'avais noté que ce trouble de la vue s'augmentait beaucoup par la crainte que j'éprouvais de le ressentir, c'est en dirigeant la suggestion surtout sur ce point qu'il me semble avoir eu les meilleurs résultats.

Feuchtersleben écrit : « J'ai fait moi-même cette observation : pour faire disparaître les mou-

1. Levillain, *Neurasthénie*.

ches volantes qui me troublent la vue et pour empêcher le tremblement des lettres sur le papier, il me suffit de fixer le regard avec fermeté sur les objets vacillants[1] ».

Ce sont là des phénomènes communs, soit chez les neurasthéniques, soit en dehors de toute neurasthénie, à la suite de fatigue locale, et pour lesquels on ne songe guère, bien à tort, à employer le traitement psychique qui exerce sur eux une influence des plus manifestes. — De même j'ai suggestionné avec succès deux sujets nerveux atteints de divers troubles de l'ouïe, hyperexcitabilité, bourdonnements, bruits subjectifs très intenses. L'un d'entre eux avait cependant été traité très longtemps sans résultat par toutes sortes de moyens généraux et locaux

TROUBLES CIRCULATOIRES, RESPIRATOIRES

Palpitations. — C. — J'ai pu diminuer parfois ou calmer tout à fait par suggestion avec recueillement, et frictions par la main, des palpitations qui persistaient à la suite d'émotions éprouvées. Sur celles qui suivent les repas j'ai pu agir aussi, mais moins aisément et moins vite.

1. Déjà cité au chap. VI.

Il n'est pas dit qu'on agisse ainsi, au moins par auto-suggestion, directement sur les battements cardiaques; mais on calme la sensation douloureuse qui en résulte, et qui, elle-même, augmente par contre-coup les palpitations. Il est d'ailleurs assez commun de voir des sujets nerveux ou chlorotiques se plaindre de battements de cœur, alors que ceux-ci ne sont en réalité augmentés d'une façon appréciable ni dans leur fréquence ni dans leur intensité. Le fait essentiel dans ces cas est l'hyperesthésie de la paroi thoracique.

— *Obs. pers.* — Dans des maux de tête, avec chaleur du front, j'ai pu amener par auto-suggestion, non seulement la cessation de la douleur, mais un abaissement très net de la température locale. J'ai pu agir de même sur des sensations de chaleur (avec chaleur réelle) des mains et des pieds.

C. de Lagrave cite une observation analogue :

Accès d'éternuements. — A. — Un rhume de cerveau me fait éternuer pendant plus de dix minutes. J'y suis d'ailleurs assez sujet, et cela me dure souvent plus d'une demi-heure. Je veux immédiatement le faire disparaître, et effectivement, aussitôt que je m'y suis efforcé, il disparaît.

Ce que le sujet appelle rhume de cerveau n'est sans doute qu'un de ces accès d'éternuements provoqués par le froid, même léger, les poussières, etc., chez les individus à disposition névropathique générale ou locale. L'influence immédiate d'un énergique effort de volonté n'en est pas moins très intéressante à noter.

Toux. — B. — Chaque soir, au moment de m'endormir, je tousse, et cela depuis deux jours. Ce soir, je me suis efforcé de lutter contre cette toux opiniâtre, et y suis presque arrivé. Après une préparation de quelques minutes, j'ai d'abord très lentement passé une main sur ma gorge, puis j'ai attendu le sommeil avec une seule pensée fermement arrêtée dans mon esprit, celle de me croire guéri. Je sentais parfaitement, par instant, cette toux me monter de la poitrine. Mais dès que ce mouvement commençait, je faisais effort sur moi-même, ne voulant pas que cette douleur me puisse monter jusqu'à la gorge. Pendant quelques instants, c'était en moi un mouvement de va-et-vient très sensible. Et l'effort de volonté continuant, j'arrivai quand même à supprimer toute nouvelle tentative. Deux ou trois fois je renouvelai mon essai, si bien que je pus m'endormir et passer toute la nuit sans aucune quinte, alors que les deux nuits précédentes avaient été troublées par la toux. Le lendemain matin, je recommençai à tousser de nouveau.

Je relate cette observation, telle qu'elle m'a été communiquée, et naturellement, sans aucunement prétendre faire de l'auto-suggestion le traitement primordial de la toux.

Il est certain cependant que les conditions psychiques ont sur la toux une influence très réelle. La toux par imitation est fréquente. De même le sujet fortement distrait oublie de tousser. Chacun sait enfin par expérience qu'une quinte de toux prête à se produire peut souvent être retenue, ou au moins retardée. Et cela reste vrai, non seulement pour la toux dite nerveuse, mais pour la toux avec inflammation de la trachée ou des bronches, voire même pour la toux des tuberculeux. Voici, par exemple, ce qu'écrit le Dr Lemoine, dans son *Manuel de Thérapeutique* : « La toux quinteuse sans expectoration des tuberculeux peut être évitée par le malade qui appliquera ses efforts à ne pas tousser. L'habitude joue un grand rôle dans l'étiologie de cette toux irritative ».

Il n'est donc pas étonnant que la suggestion puisse agir sur la toux. J'ai vérifié cette action : 1° sur un de mes amis, atteint d'une grippe avec bronchite légère ; le résultat fut très favorable ; 2° sur un tuberculeux à la dernière période (il succomba quatre mois après); ici encore, le soulagement momentané fut très évident.

TROUBLES DIGESTIFS

Inappétence. — C. de Lagrave. — Etant dyspeptique et n'ayant jamais faim, je me donne la suggestion d'avoir faim. Au repas suivant, je mange en effet de fort bon appétit.

Rien d'étonnant si la suggestion peut réveiller l'appétit chez les sujets nerveux ou non nerveux, aussi bien que le quinquina, la noix vomique, etc. Chacun ne sait-il pas combien il est influencé par la vue d'une table bien servie, par la joie de se trouver en agréable compagnie, ou même par la seule pensée d'un mets préféré, etc... ?

Angine. — *Obs. pers.* — Souffrant d'une angine aiguë avec 39° de fièvre, j'eus la curiosité d'essayer de calmer la douleur par auto-suggestion. Je réussis en effet à diminuer d'une façon assez notable la douleur de la gorge et celle des ganglions.

Je rappelle naturellement, et plus encore peut-être, pour cette observation, les réserves déjà faites plus haut.

Gastralgie. — C. — Vive douleur au creux de l'estomac survenue vers 4 heures de l'après-midi, avec renvois. Ceux-ci continuent; mais la douleur se calme très vite, en quelques minutes, par auto-suggestion, et en passant doucement les mains sur le point sensible.

— Sur moi-même j'ai triomphé assez facilement de douleurs ou crampes d'estomac, dans des cas où la distension de l'estomac, la digestion un peu pénible, la langue légèrement blanche indiquaient un état de souffrance réelle de l'organe. Ces troubles digestifs eux-mêmes, m'ont paru, à plus longue échéance, heureusement influencés par l'auto-suggestion.

C. de Lagrave. — Je me suggère de n'avoir pas mal à l'estomac; ce mal durait depuis une heure et m'empêchait de travailler. Disparition en vingt minutes.

Coliques. — F. — A la suite d'un repas un peu indigeste je vais au froid, et suis pris tout à coup de coliques très douloureuses et d'envies très pressantes d'aller à la selle. Bien que souffrant beaucoup, je pense tout à coup à me suggestionner. Et je fais un brusque effort de volonté sur moi, je me dis nettement que je n'ai pas de mal ni de besoin, je me répète cela plusieurs fois. Presque aussitôt, je ne me sens plus aucun malaise, et puis marcher tranquillement pendant une vingtaine de minutes encore. Arrivé chez moi, j'ai une selle abondante, liquide.

Constipation. — A. — Constipé depuis plusieurs jours (c'est, du reste, un de mes états fréquents), et ayant des selles difficiles, je veux essayer là-dessus une de mes expériences, puisque, physiquement, c'est pour moi un de mes grands ennuis de chaque jour. En concentrant bien ma pensée le soir, je me suggère d'aller à la selle le lendemain à 8 heures et demie.

Le lendemain, je me suis levé à 8 heures. Toujours la même constipation, ma tentative d'hier soir ne semble pas réussir. Mais à 8 heures et demie précises, au moment même où je me prépare à sortir, un besoin pressant m'oblige à aller très vite à la selle; et me voici tout heureux de ce résultat inespéré.

Le soir même, je continuai mon expérience en me commandant pour le lendemain 9 heures une autre selle. Le lendemain, — est-ce un hasard, est-ce vraiment suggestion? — je vais de nouveau à la selle à 9 heures exactement, étonné de ce résultat qui, s'il est exact, me semble d'une facilité surprenante. Pourquoi ne le serait-il pas, puisque cette constipation durait depuis si longtemps?

Quinze jours après. — La constipation, disparue depuis les premiers jours de mes essais d'auto-suggestion, me revient. Du reste, sauf ces premiers jours où j'avais continué mes suggestions, je n'y avais plus pensé depuis lors. C'est peut-être la cause de ce retour. En tout cas, je vais de nouveau tenter mon expérience d'il y a quinze jours.

Cette expérience réussit en effet, non pas, il est vrai, le lendemain matin même, mais seulement à la fin de la journée.

Depuis lors (plusieurs mois) le sujet a réussi à

entretenir la régularité de ses garde-robes, en général le matin, de 8 heures à 8 heures et demie, par des suggestions continuées à plus ou moins longs intervalles.

Cette observation, lorsqu'elle me fut communiquée, me surprit comme le sujet lui-même. En y réfléchissant, la cause de mon étonnement fut, en réalité, moins le résultat obtenu que sa production à heure fixe. Cependant cette précision se retrouve encore dans ces deux autres observations :

C. — Constipation depuis avant-hier. Je me suggère d'aller le lendemain à la selle à une heure précise. Résultat parfaitement obtenu à l'heure dite.

Une autre personne avec qui je m'étais entretenu de l'auto-suggestion, habituellement très constipée et usant sans cesse de laxatifs, eut l'idée, après notre conversation, de se faire cette même suggestion. Le lendemain, à l'heure fixée, elle eut un besoin pressant et une garde-robe très abondante.

Il est donc très possible que cette action si précise puisse être obtenue beaucoup plus souvent que je ne l'avais d'abord supposé. Mais, que cette précision se retrouve ou non, il paraît, de toute façon, fort probable que l'emploi régulier de l'auto-suggestion pourrait dans bien des cas et fort aisément triompher de la constipation, même opiniâtre.

Reportons-nous en effet aux résultats fournis par l'hétéro-suggestion, et aussi aux préceptes formulés par la thérapeutique commune.

Sur le premier point, nous nous contenterons de citer ces paroles de Liébeault : « Il me suffit, dit cet auteur, de suggérer une seule fois à un de mes sujets d'avoir toujours le ventre libre, pour que la constipation cessât. Un mois et demi après, cet incommodité n'avait pas reparu. Ce fait me porta plus tard à suggérer à mes malades endormis d'aller à la selle tous les jours, et régulièrement à la même heure, et un très grand nombre d'entre eux obéirent à mes ordres. »

Quant à la thérapeutique usuelle, n'établit-elle pas l'importance, avant toute action médicamenteuse, de certaines règles d'hygiène où se retrouve nettement la théorie de l'auto-suggestion? Ne recommande-t-on pas aux constipés de ne jamais résister à un besoin, lorsqu'il se fait sentir ? Bien des sujets, en effet, ne souffrent de la constipation qu'en raison même de cette résistance qu'ils opposent pour toutes sortes de raisons : par paresse, par suite d'occupations trop nombreuses, par crainte de la difficulté des selles (au cas d'hémorroïdes, par exemple), etc.... Suivant le mécanisme connu, cette résistance, d'abord consciente, devient ensuite résistance inconsciente ou constipation. Ne leur prescrit-on pas plus expressément encore de se présenter tous les jours à heure fixe à la garde-robe, qu'ils en sentent ou non le besoin ? Et n'est-ce pas là, en somme, une véritable auto-suggestion que le malade doit se faire ainsi chaque jour à lui-même ?

Nous finirons par cette citation du professeur Trousseau. « La volonté, écrivait l'illustre clinicien, et une volonté patiente et régulièrement appliquée, triomphe le plus souvent de la constipation[1]. » La thérapeutique hétéro ou auto-suggestive n'est que l'art d'apprendre à vouloir.

TROUBLES SEXUELS

Pertes séminales. — Nous trouvons ici deux observations intéressantes :

B. — Pertes séminales fréquentes, durant depuis plusieurs années déjà, pour lesquelles il avait con-

1. Feuchtersleben écrivait déjà : « Hufeland conseille de régler par la volonté les évacuations journalières ».

sulté sans résultat. S'est suggéré pendant une quinzaine de jours. Les pertes ont disparu complètement. Depuis lors, n'a plus répété la suggestion qu'à longs intervalles, ou quand une excitation plus vive lui fait craindre des pertes pour la nuit suivante. Si, malgré la suggestion faite de ne pas avoir de rêves érotiques, ces rêves surviennent, il se réveille juste à temps pour les empêcher d'aboutir.

A dissipé également, par auto-suggestion, un suintement blanchâtre se produisant dans la journée et tachant le linge.

D. — Observation tout à fait semblable, avec mêmes détails, et même résultat, pour pertes séminales durant depuis plusieurs années.

La rapidité avec laquelle, dans ces deux cas, ont cédé les phénomènes, bien que durant de fort longue date, nous semble très remarquable. Les traitements qu'on oppose en général aux pertes séminales, hydrothérapie, médicaments divers, bromure, camphre, etc., n'exercent souvent sur elles qu'une influence des plus restreintes. Il n'y a pas lieu de s'en étonner : si l'on ne se contente pas des explications courantes et qu'on analyse de plus près le mécanisme de ces pollutions nocturnes, on se rend compte que les causes occasionnelles peuvent être multiples, mais que, partout et toujours, il est une cause déterminante qu'on retrouve comme élément stable, et cette cause est d'ordre psychique. « La pollution nocturne, dit fort bien Jules Janet[1], accompagne toujours un rêve érotique. Chez les individus très continents, la réplétion des vésicules séminales et l'ardeur génésique provoquent pendant la nuit le rêve érotique et la pollution qui en est la conséquence ; mais, chez beaucoup d'individus, le rêve érotique, par suite de mauvaises habitudes prises, est primitif, et c'est lui qui condamne le patient à une pollution dont il n'avait nul besoin. » Ce qui fait croire parfois que la pollution survient sans rêves, c'est que « le rêve qui la précède ne reste fixé dans le souvenir du patient qu'à la condition que celui-ci se réveille immédiatement après la pollution. Sinon, il est entièrement oublié ». Le mécanisme psychique de l'affection étant bien nettement compris, il est tout simple qu'elle relève surtout d'un traitement psychique.

Il y a une affection qu'on ne peut s'empêcher de rapprocher immédiatement de la précédente : c'est l'incontinence d'urine. Le processus est le même. « L'incontinence nocturne d'origine psy-

1. J. Janet, *Troubles psychopathiques de la miction.*

chique est, dit l'auteur déjà cité, un fait absolument semblable à la pollution nocturne. Comme elle, elle se produit à l'occasion d'un rêve; comme elle, elle peut passer inaperçue du dormeur à cause de la profondeur de son sommeil. »

Or, l'analogie de nature se complète par l'analogie des résultats thérapeutiques. Il est remarquable de voir, tous les médecins qui s'occupent de suggestion ont pu le constater, combien cette affection souvent si rebelle à toute autre médication, cède fréquemment et vite au traitement psychique[1].

Pour en revenir aux pertes séminales, il est intéressant de noter que, sur ce point spécial, la possibilité et l'efficacité d'une thérapeutique auto-suggestive avaient été déjà comprises et indiquées par certains auteurs. Un hasard heureux nous a, précisément, mis tout récemment

1. Dans d'autres cas, le mécanisme est un peu différent. Ainsi certains enfants urineront la nuit dans leur lit, et le jour dans leurs vêtements, par paresse de se lever ou de demander le vase. Ici encore, naturellement la psychothérapie devra être appliquée. D'autres fois, l'incontinence, comme la spermatorrhée, dépendent de lésions réelles, naturellement justiciables d'une thérapeutique toute différente. Mais ces cas sont assurément de beaucoup les moins fréquents.

sous les yeux ce passage du Traité de Diday, le célèbre vénéréologue de Lyon : « Avant de s'endormir, se bien promettre de se réveiller dans le cas où surviendrait un rêve érotique, et cet engagement moral de se réveiller, le prendre vis-à-vis de soi avec une telle force de volonté que le souvenir en persiste malgré le sommeil, et soit en état d'exercer à propos, le cas échéant, une action préservatrice.

Je ne conseille là rien qui ne soit très possible, rien que n'accomplissent facilement les sujets doués de quelque énergie morale. Le malade, ainsi armé et décidé à lutter contre lui-même, doit être averti d'un piège que lui tend la bonne nature[1]. Parfois il est assez éveillé pour sentir que la perte va avoir lieu. Mais par paresse, peut-être par un instinct de sensualité qui ne demande qu'à transiger, il aime à se persuader qu'il est trop tard, que l'acte est assez avancé pour ne pouvoir être empêché par le réveil, et il laisse faire !... C'est là un piège, je le repète. Du moment où on a conscience de ce qui va se passer, il n'est jamais trop tard pour essayer de l'empêcher, et le plus souvent, quoiqu'on ait

1. Comparer à ce que nous avons dit, page 190, 3e et 4o.

d'abord cru le contraire, on arrive parfaitement à temps. »

Cette description doit être cependant complétée sur un point, et rectifiée sur un autre : 1° l'action psychique peut et doit s'exercer, non seulement pour produire à temps le réveil, mais aussi pour modifier les rêves ; 2° l'effort puissant de volonté n'est pas toujours nécessaire : nous nous sommes déjà expliqué suffisamment sur ce point, en parlant de l'auto-suggestion idéative.

Faiblesse génitale. — D. — Il m'arrivait souvent que l'acte sexuel s'accomplissait dans un état de demi-mollesse de l'organe ; parfois aussi l'émission du liquide séminal se faisait prématurément. Par auto-suggestion régulièrement faite, j'ai réussi à me débarrasser parfaitement de ces infirmités.

Il s'agit là d'une impuissance partielle et momentanée, d'une simple faiblesse génitale. Dans les cas d'impuissance proprement dite (mot qui englobe d'ailleurs bien des variétés), le traitement hétéro-suggestif a donné de nombreux succès. On ne saurait en être surpris si l'on veut bien réfléchir, ce que l'on ne fait pas assez communément, à l'importance capitale de l'élément psychique. Ici encore nous invoquerons l'autorité de l'auteur déjà cité : « L'impuissance par *collapsus moral,* dit-il, n'est pas la seule, mais elle est la plus commune et elle complique toutes les autres espèces. » Etat psychique fondamental, nervosisme, neurasthénie, surmenage intellectuel, ou encore troubles moraux de toutes sortes, souvenir d'un premier affront reçu, froideur de sentiments, ou au contraire excès d'amour, préoccupation, distraction, crainte, timidité, etc., voilà ce que l'on retrouve le plus habituellement au point de départ. Sont-ce les douches, l'électricité, la strychnine ou autres médicaments, qui pourront exercer à cet égard quelque influence favorable ?

« S'il me fallait opter, dit encore Diday, je renoncerais assurément à tous les aphrodisiaques pour un quart d'heure d'une conversation explicative avec le malade. » A plus forte raison peut-on comprendre l'efficacité du traitement psychique scientifiquement dirigé. Par lui chacune des causes précitées pourra être attaquée avec méthode et précision ; et ainsi sera levée l'inhibition qui s'opposait à la production du réflexe normal.

RÉFLEXIONS DIVERSES

INDICATIONS DE LA PSYCHOTHÉRAPIE

1° *Conditions dans lesquelles ont été prises ces observations.* — Les observations qui viennent d'être données ont été recueillies par sept sujets, dont moi-même. Nous les avons simplement relatées, sans les faire précéder de détails sur l'état habituel, sur les antécédents de chacun d'entre eux. Cela, tout d'abord pour des raisons de convenance faciles à comprendre, puis parce que ces notions n'étaient pas indispensables à connaître. Il suffisait, en effet, d'étiqueter, autant que possible, chaque phénomène. Peu importe, au fond, pour les divers troubles nerveux signalés, qu'ils se soient rencontrés à titre d'épisode chez des sujets non ou peu nerveux habituellement, ou qu'ils aient été sous la dépendance d'un état nerveux fondamental. Toutes conditions égales d'ailleurs, ils se seront trouvés plus facilement curables dans le premier cas que dans le second, et voilà tout.

Ces observations ont été prises presque toutes dans les quatre mois qui ont suivi la première conception de ce travail. Aussi n'avais-je pu donner aux divers sujets, et n'avais-je encore moi-même que des indications très sommaires sur la manière de procéder. Ces indications, qui ne m'ont pas tenu plus de dix à quinze minutes de conversation avec chacun d'eux, se réduisaient en somme aux seules formules de l'auto-suggestion idéative à l'état de veille et de recueillement. Nous ne les avions pas entretenus de la possibilité d'utiliser les émotions, les suggestions étrangères, etc., ou encore des divers modes d'auto-suggestion active. C'est d'eux-mêmes qu'ils y ont eu parfois recours ; ils ont fait peu à peu, spontanément, leur éducation plus ou moins complète et plus ou moins consciente. En somme, chacun d'eux n'était muni que des premiers principes de l'auto-suggestion, et ceux qui voudront la pratiquer après avoir lu ce travail, seront, croyons-nous, placés dans des conditions beaucoup plus favorables.

Nous ajouterons que nous nous sommes attaché, une fois ce premier exposé tracé, à ne plus y revenir ultérieurement, à réduire dans la mesure du possible la part de la suggestion initiale exercée par nous. Réserve peut-être superflue, puisque l'auto-suggestion a non seulement le droit, mais le devoir de prendre l'hétéro-suggestion pour point d'appui.

Deux sujets n'ont pas pu pratiquer l'auto-suggestion et se sont arrêtés dès les premiers essais ; nous n'avons pas insisté, d'ailleurs, pour les amener à les continuer. Pour les raisons mêmes qui viennent d'être formulées, nous ne jugeons pas ces insuccès très significatifs. Je ne prétends pas que tous les individus puissent se suggestionner, ou tout au moins parvenir, par l'auto-suggestion, à des résultats identiques. Mais, dans les deux cas dont il s'agit, je crois seulement avoir été insuffisamment compris. Peut-être aurais-je dû, par quelques séances de suggestion préalable, faire comprendre ce qu'il faut entendre par recueillement.

*
* *

2° *Appréciation des observations.* — Parmi les observations citées, il en est un certain nombre qui paraîtront, je l'espère, assez intéressantes. Telles qu'elles sont présentées, elles ne peuvent cependant donner qu'une idée bien imparfaite de ce qu'est l'auto-suggestion, et de ce qu'on peut en attendre.

Tout d'abord, nous n'avons pas publié toutes les observations prises. Beaucoup se seraient répétées. Beaucoup aussi n'ont pas été recueillies, soit par négligence, soit par oubli après réussite de la suggestion curative[1]. Ou encore le sujet avait conscience d'avoir obtenu sur lui des modifications très réelles; mais ces modifications, comment les faire comprendre à moins d'user de longues périodes, ou de se perdre en détails personnels qui auraient pu sembler insipides au lecteur? D'autres ne pouvaient être données en raison de leur caractère trop intime, ou elles ont dû être résumées en quelques lignes, sèches, décolorées, simple squelette des observations longuement vécues et senties par le sujet.

De même encore, difficulté ou impossibilité de faire apprécier les changements survenus dans le caractère, dans les habitudes intellectuelles, morales, physiques. Et pourtant l'auto-suggestion

1. Ainsi qu'il a été dit pages 69 et 177.

a dans son domaine l'hygiène plus encore que la thérapeutique psychique.

Ces réserves faites, les observations qui précèdent, malgré leur imperfection fatale, nous ont semblé cependant utiles à faire connaître, d'abord comme preuves de l'action de l'auto-suggestion, et surtout comme exemples de la variété des troubles auxquels elle peut s'appliquer.

***

3° On aura remarqué sans doute que nous n'avons noté que fort peu d'échecs. Qu'on n'en tire pas la conclusion qu'ils n'ont pas été fréquents. Mais les sujets, dans leurs notes, n'en ont relaté eux-mêmes que fort peu. Pour quelle cause ? On pourrait penser assurément, soit à une complaisance de leur part à mon égard, soit à la crainte éprouvée par eux d'exercer sur eux-mêmes, par la notation d'un échec, une suggestion fâcheuse. Que ces considérations aient pu entrer en ligne de compte, nous n'en disconvenons pas; mais en y réfléchissant plus attentivement, on trouve une autre explication, qui s'accorde bien avec tout ce que nous avons dit d'autre part : c'est que l'auto-suggestion, même lorsqu'elle échoue, ne donne pas la sensation d'un insuccès total pour celui qui s'est déjà quelque peu habitué à la manier. Elle laisse toujours après elle un certain sentiment de confiance renouvelée, qui est déjà, par lui-même, un pas fait vers la guérison. Cela pourra paraître un peu subtil, mais, ici encore, nous en appelons à l'expérience de toute personne qui voudra bien faire, en toute bonne foi, son éducation auto-suggestive.

Nous ajouterons, cependant, qu'un de nos sujets a dû avoir recours à la suggestion ordinaire pour des troubles nerveux contre lesquels l'auto-suggestion s'était montré insuffisante.

*
* *

4° Tous nos sujets nous ont signalé ce fait : il est des périodes ou l'auto-suggestion est très facile et très profitable, d'autres où elle est plus pénible et agit plus lentement. Ces variétés d'action tenaient à des causes qu'il n'ont pu suffisamment apprécier et diriger, étant insuffisamment prévenus, et qui apparaissent maintenant très claires : influence des émotions dépressives ou stimulantes, des suggestions étrangères, de l'état de bonne ou mauvaise santé physique.

*
* *

5° Sur moi-même j'ai noté une autre cause d'échec; c'est qu'il était des moments où la théorie de l'auto-suggestion n'était plus suffisamment présente à mon esprit. Ainsi j'usais de l'effort volontaire habituel ; je ne savais plus discipliner ma volonté sous la formule de l'auto-suggestion et du recueillement. Il me suffisait en y réfléchissant quelque peu, au besoin en relisant les notes déjà prises, de retrouver l'habitude perdue, pour réussir à nouveau. Ainsi, encore, pour l'oubli de la suggestion après réalisation, etc., j'ai pu me convaincre que cette cause d'échec s'est également présentée chez les autres sujets.

*
* *

6° La pratique de l'auto-suggestion suivant les règles données présente-t-elle des dangers, des inconvénients? Assurément non. Toutes nos observations en font foi, et, théoriquement, il est aisé de le comprendre, puisque ces règles sont immédiatement déduites de faits connus, journellement observés.

Mais comme la suggestion ordinaire, ou encore, comme la volonté dont elle n'est que la réglementation, il est évident que l'auto-suggestion peut être employée d'une façon pernicieuse; elle sera dès lors susceptible d'engendrer le bien ou le mal, suivant qu'elle s'astreindra fermement ou non à conserver son but exclusivement thérapeutique. C. de Lagrave cite de lui-même les observations suivantes :

— Je me suggère d'avoir des idées fausses. Le lendemain je n'ai que des idées erronées, et je suis obligé de cesser de travailler.

— Je provoque des hallucinations, qui, à un moment donné, me font craindre d'être réellement halluciné. A ce moment je me donne l'auto-suggestion inverse, ne pas avoir d'hallucinations, le résultat est du reste atteint facilement en deux minutes.

Nous ne savons si ces suggestions pourraient être réalisées avec une pareille facilité par beaucoup de personnes. Notre avis est qu'elles ne doivent même pas être tentées, à titre d'essai. Notre ligne de conduite en pareille matière nous est tracée par ce précepte d'ordre général déjà établi, c'est que l'éducation de la volonté doit être une œuvre de tous les instants, c'est qu'au regard de la volonté, il n'est pas un acte, si insignifiant qu'il paraisse, qui puisse être dédaigné, puisqu'il constitue déjà à lui seul un commencement d'habitude.

Au même auteur, nous empruntons encore ces observations :

— Etant dyspeptique et n'ayant jamais faim, je me donne la suggestion d'avoir faim. Au repas suivant, j'ai bon appétit, et la faim persistant encore après le dessert, je mange encore un croûton de pain pour la satisfaire.

— Je me donne l'auto-suggestion de haïr une personne qui m'a fait du mal. Le résultat est positif ; je la hais. Cette auto-suggestion crée en moi un état tel que je ne puis souffrir certaines personnes indifférentes auparavant. C'est ce qui m'a fait cesser cette sorte d'auto-suggestion.

Dira-t-on en pareil cas que l'auto-suggestion est en cause? Ces observations indiquent simplement une suggestibilité trop vive, et le rôle de la thérapeutique suggestive doit être précisément de tempérer le plus possible cette suggestibilité. Notons en outre que l'auto-suggestion porte toujours en elle-même son remède : l'auteur, on l'a vu, en a fait lui-même la remarque pour une observation précédente.

Au résumé, conserver en toutes circonstances un jugement sain et clair, un sens critique toujours en éveil; au seul moment de la suggestion proprement dite, s'aveugler temporairement et de parti pris sur toutes les difficultés pour pousser de toutes ses forces à sa réalisation, espérer même au delà du possible, *avoir la foi*, mais en se tenant toujours prêt à reprendre tout aussitôt son sang-froid, son rôle d'observateur méthodique et impartial : telles sont les qualités, contradictoires en apparence, mais que l'habitude saura parfaitement concilier, nécessaires pour pratiquer avec fruit la suggestion sur soi-même, comme l'hétéro-suggestion. Au surplus, cette alliance entre l'esprit de contrôle et le pouvoir de tension vers l'acte ne constitue-t-elle pas en toute entreprise, quelle qu'elle soit, la meilleure condition de réussite ?

*
* *

7° Une observation d'un de mes sujets va nous montrer cependant non pas un danger, mais un écueil utile à signaler, dans la pratique de l'auto-suggestion.

B. — Hier je m'étais commandé de me réveiller à 6 heures 1/2. Je ne me suis pas réveillé mais j'ai remarqué que deux jours après cette expérience, je me suis réveillé, ne sachant pourquoi, à cette heure précise, et cela pendant plusieurs jours. J'ai noté de même que, pour bien d'autres suggestions, ma volonté ne répondait souvent que trente-six ou quarante-huit heures après.

Voici, à notre sens, l'explication de ce fait singulier en apparence. La suggestion ne s'est pas réalisée au moment indiqué, mais elle est réapparue à l'esprit du sujet pendant le sommeil du surlendemain, et, dès lors, elle s'est réalisée à titre de suggestion nouvelle. Le sujet ayant perdu, au réveil, le souvenir de cette réapparition, a naturellement attribué le fait constaté à la suggestion de l'avant-veille. De là : 1° impression d'étonnement qui a maintenu la suggestion les jours suivants dans l'esprit, et réveil chaque jour à l'heure primitivement fixée ; 2° interprétation erronée du fait observé par le sujet, croyance à une modalité particulière de l'esprit ne permettant la réalisation des suggestions qu'au bout de 36 ou 48 heures, croyance qui a naturellement influé, à la façon de toute suggestion, consciente ou non, sur les suggestions ultérieurement données.

Nous avons entendu, de même, un suggestionneur (non médecin) nous dire que, pour des raisons qu'il ne connaissait pas, il lui arrivait ordinairement de guérir ses malades par « neuvaines », et nous avons pu nous-même constater la réalité du fait. Comme pour le cas précédent, il n'y avait là de mystère qu'en apparence, il s'agissait simplement d'une croyance de suggestionneur, basée sans doute sur quelques faits exactement observés, mais mal interprétés, transmise par lui, inconsciemment, à ses sujets, et se réalisant sur eux suivant la loi même de toute suggestion.

Concluons donc, ici encore, à la nécessité d'une observation dégagée de tout préjugé, froide et impartiale, rigoureusement scientifique.

*
* *

8° Cette étude demanderait à être complétée par des observations d'améliorations ou guérisons obtenues par l'hétéro-suggestion. Mais ce serait déborder infiniment le plan que nous nous sommes tracé. Il nous faudrait y comprendre, non seulement des observations de névroses, mais des observations d'affections de tout ordre. D'après la définition donnée de la volonté, tout traitement psychique, à quelque phénomène qu'il s'adresse n'est-il pas en effet une tentative de redressement de la volonté, puisqu'il forme l'esprit du sujet à exprimer en fait un désir préalablement formulé par lui ?

Nous nous contenterons de résumer, très succinctement, les indications de la thérapeutique suggestive.

1° Le domaine propre de la psychothérapie, ce sont les troubles purement *dynamiques* du système nerveux.

En premier lieu, les troubles psychiques, troubles du caractère, de l'intelligence, de la sensibilité, de la volonté, quels qu'ils soient : confusion, difficulté d'élaboration des idées, affaiblissement de la mémoire, impressionnabilité, phobies, passions de toute nature, indécision, etc.

Puis les névroses, hystérie, neurasthénie, toutes les formes si variées du nervosisme[1]. Nous ne disons pas que tous les cas de neurasthénie ou

1. P.-E. Lévy. La cure définitive de l'hystérie. Rééducation. *Presse médicale*, 1903, nos 34 et 89.

d'hystérie soient curables par le traitement psychique. Mais nous pensons que celui-ci reste le traitement de choix, que toutes les autres médications doivent en quelque sorte graviter autour de lui, et, s'imprégner, elles aussi, de suggestion.

La chorée peut être souvent améliorée. Il n'en est pas de même de l'épilepsie, qui reste ordinairement rebelle.

2° Au-dessous de ces grandes névroses se rangent les troubles nerveux de toute nature se manifestant à l'etat isolé : insomnie, migraine, tremblement, tics, malaises vagues, palpitations, suffocations, névralgies, douleurs, qui font souvent croire à une lésion d'organe, alors que le système nerveux seul est en cause (ovaralgie, gastralgie, etc.). Il est impossible de donner, ici, même une simple énumération, d'autant qu'il faut y adjoindre encore toute une série d'affections ou de phénomènes, où l'action du traitement psychique, qui paraît de prime abord singulière, n'est pas moins des plus manifestes: tels l'incontinence d'urine, l'impuissance, les pertes, le rhumatisme, l'anémie, les troubles de la menstruation, etc.

3° Quel est le rôle de la suggestion dans les maladies *avec lésion*, aiguës ou chroniques. A coup sûr, elle ne prétend pas agir directement sur les altérations organiques, ou sur les agents microbiens qui en sont la cause. Elle ne vise pas non plus à se substituer aux médications classiques. Il ne faut pas lui demander plus qu'elle ne peut donner. Mais ces restrictions nécessaires formulées, son rôle n'en reste pas moins très important, et ses applications très étendues.

A. — En toute circonstance, elle reste toujours un traitement symptomatique de premier ordre. Ainsi, chez l'ataxique, elle ne guérira certes pas les lésions médullaires ou nerveuses, mais elle pourra rendre la marche plus facile, calmer les douleurs fulgurantes aussi bien et souvent mieux que toute autre médication. Chez le diabétique, elle ne modifiera pas la quantité de sucre éliminé; mais elle pourra combattre la dépression des forces, la paresse intellectuelle, les douleurs, l'insomnie, rendre plus aisée l'observation du régime prescrit, etc. Chez le dyspeptique, elle pourra restaurer l'appétit, calmer les nausées, les vomissements, améliorer l'état nerveux qui est si souvent l'origine de la dyspepsie. N'est-ce rien que de pareils résultats, et, avons-nous, en somme, beaucoup de médicaments qui fassent mieux? « Combien, dit Bernheim, existe-t-il de médicaments spécifiques? Que faisons-nous dans la plupart des cas? Est-ce à l'entité morbide que nous nous adressons? Nous faisons modestement la médecine des éléments, c'est-à-dire la médecine symptomatique. Nous donnons de l'opium pour calmer la toux, la douleur, l'insomnie, des antithermiques contre la fièvre, des astringents contre la diarrhée, des toniques contre l'hyposthénie. La maladie elle-même nous échappe; nous l'atteignons dans ses éléments fonctionnels quand nous le pouvons ». N'est-il pas d'ailleurs des cas, remarque fort justement le même auteur, « où la lésion n'est rien, la réaction fonctionnelle est tout? Voici par exemple une légère rétroversion utérine qui ne gêne en rien les fonctions vésicale et rectale, mais qui suscite par le mécanisme des actions réflexes toute une pathologie, névralgies, suffocations, battements de cœur, vomissements, dyspepsie, vertige, hypochondrie, convulsions. Qu'importe que je ne puisse remédier à la lésion, si la suggestion peut faire appel à l'organe psychique, pour faire acte d'inhibition sur toutes ces manifestations symptomatiques secondaires, si elle peut mettre un frein à toutes ces transmissions nerveuses? »

B. — Mais ce traitement purement symptomatique est-il tout ce qu'on est en droit d'attendre de la psychothérapie ?

Nullement. De même que l'altération de la fonction aboutit à l'altération de l'organe, la restauration fonctionnelle pourra conduire à la restauration organique. Nous avons montré déjà, à propos des arthrites rhumatismales, comment la suggestion, en agissant sur la douleur, sur la motilité, exerce une action indirecte, réelle et puissante cependant, sur l'arthrite elle-même, et pareil raisonnement s'appliquerait à bien d'autres cas. Voilà un premier point. — Supposez maintenant une maladie générale aiguë, telle qu'une fièvre typhoïde, une grippe, ou chronique, telle que la tuberculose. La suggestion n'aura évidemment pas d'action immédiate sur l'évolution fébrile ou sur le tubercule ; elle n'en pourra pas moins rendre grand service, puisqu'en modifiant favorablement les symptômes tels que l'insomnie, la toux, l'inappétence, les vomissements, etc., voire même en corrigeant l'intolérance pour les médicaments, en relevant les forces morales et physiques, elle augmentera la puissance de défense de l'organisme, et lui permettra de lutter plus vigoureusement contre le processus morbide.

Nous nous bornerons à cet aperçu, très écourté, des indications du traitement psychique, et nous conclurons : La psychothérapie ne prétend certes pas être toute la thérapeutique, mais il est des cas où rien ne saurait la remplacer, d'autres où elle agit mieux que toute autre médication. Il n'en est pas où elle ne trouve occasion de s'employer utilement.

TABLE DES MATIÈRES

Première partie. Étude théorique.

18 Mars 61

Deuxième partie. Applications pratiques.

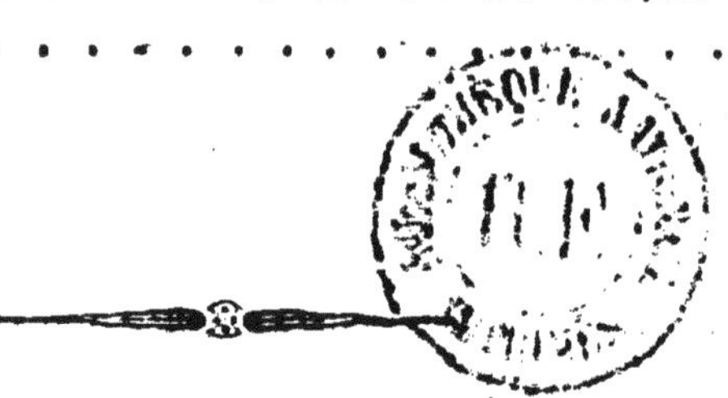

ÉVREUX. — IMPRIMERIE DE CHARLES HÉRISSEY

www.ingramcontent.com/pod-product-compliance
Ingram Content Group UK Ltd.
Pitfield, Milton Keynes, MK11 3LW, UK
UKHW021056220726
13924UKWH00005B/2116

9 782019 675455